审计与法治丛书

胡耘通◎著

环境治理与国家审计

Environmental Governance and National Auditing

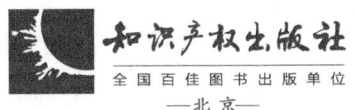
知识产权出版社
全国百佳图书出版单位
—北京—

图书在版编目（CIP）数据

环境治理与国家审计/胡耘通著．—北京：知识产权出版社，2023.8
（审计与法治丛书）
ISBN 978-7-5130-8567-0

Ⅰ.①环… Ⅱ.①胡… Ⅲ.①环境综合整治—政府审计—研究—中国
Ⅳ.① F239.44

中国国家版本馆 CIP 数据核字（2023）第 000019 号

责任编辑：雷春丽　　　　　　　　　责任校对：王　岩
封面设计：智兴设计室・段维东　　　 责任印制：孙婷婷

审计与法治丛书

环境治理与国家审计

胡耘通　著

出版发行：	知识产权出版社 有限责任公司	网　址：	http://www.ipph.cn
社　址：	北京市海淀区气象路50号院	邮　编：	100081
责编电话：	010-82000860转8004	责编邮箱：	leichunli@cnipr.com
发行电话：	010-82000860转8101/8102	发行传真：	010-82000893/82005070/82000270
印　刷：	北京九州迅驰传媒文化有限公司	经　销：	新华书店、各大网上书店及相关专业书店
开　本：	787mm×1092mm　1/16	印　张：	10
版　次：	2023年8月第1版	印　次：	2023年8月第1次印刷
字　数：	195千字	定　价：	60.00元
ISBN 978-7-5130-8567-0			

出版权专有　侵权必究
如有印装质量问题，本社负责调换。

序 言

2020年1月,习近平总书记对审计工作作出重要指示,强调审计工作要在党中央统一领导下,适应新时代新要求,紧紧围绕党和国家工作大局,全面履行职责,坚持依法审计,完善体制机制,为推进国家治理体系和治理能力现代化作出更大贡献。因此,有必要从审计与法治融合的视角出发,加强审计法治化研究,这是习近平法治思想在审计领域的具体体现,也是强化审计监督保障作用的必备环节,更是我国经济行稳致远、社会安定和谐的重要保障。

审计与法治联动在国家经济安全、政府权力监督、民主法治建设、民生政策落实、体制机制完善等国家治理现代化方面都起着举足轻重的作用。审计与法治联动,可以化解重大风险,维护国家财政经济安全;审计与法治联动,可以有效遏制各类违法违规行为,打击并严惩贿赂、贪污、腐败等问题;审计与法治联动,可以使人民群众了解各级政府及其部门履职担责情况,推进国家社会共治;审计与法治联动,还可以加强民生政策的有效落实,切实维护好、实现好人民群众的切身利益。因此,审计与法治联合发力,必将推进国家治理体系和治理能力现代化。

西南政法大学监察审计学院(商学院)作为在传统政法院校中发展起来的专门从事商科教育与研究的学院,既有商科教育的专业优势,又有学校法学学科的依托,是全国唯一设立审计与法治博士点培育学科的院校。西南政法大学还与国家审计署审计科研所、中国审计学会共建"审计与法治研究中心",中心由学院审计学科负责建设。西南政法大学监察审计学院(商学院)抽调骨干教师,编写"审计与法治丛书",力求推出一套回应时代所需、论证充分的研究成果,本丛书具有以下特点。

一、聚焦审计发展中的热点、难点与前沿问题

当前,世界经济增长持续放缓,仍处在国际金融危机后的深度调整期,加之受新型冠状病毒感染疫情影响巨大,世界大变局加速演变的特征更趋明显。审计是党和国

家监督体系的重要组成部分，因此需要审计科研乘势而上精准发力，及时揭示和反映经济社会各领域的新情况、新问题、新趋势。本丛书聚焦审计发展中的热点、难点与前沿问题，例如，国家审计与地方政府债务监管问题、资本市场开放后企业社会责任与审计问题、党内监督与审计监督问题以及国有企业境外投资审计问题等，积极回应时代需求，系统深入地研究审计与法治的重点问题，力求解决中国现实问题。

二、以审计学科为基础，融合多学科，填补出版空白

多学科融合研究，常常能够获得单一学科研究无法获得的创新成果。本丛书以审计学科为基础，融合法学、经济学、公共管理学等多学科进行全方位、多层次、多视角研究，分析典型案例，分别对审计促进国家治理、审计法治、审计管理、企业审计等审计重点领域进行深入探讨，力求为国家决策提供切实有效的智力支持。本丛书的出版可在一定程度上填补我国该领域的出版空白。

三、丛书构建

本丛书先后召开编写会议十余次，由中国审计学会会长孙宝厚同志对每本书的论证要点、结构框架、重点问题进行线上或者现场指导。

"审计与法治丛书"包含专著共12部，围绕审计促进国家治理、审计法治、审计管理、企业审计等审计工作的重点领域开展研究，力求推出一套来源可靠、切实有效、论证充分的研究成果。审计学科属于实践性较强的学科，同时，限于资料的有限性，我们力争论述严谨，但也恐有所疏漏，还请各位读者批评指正。

郑国洪
2021 年 2 月 28 日于毓秀湖畔

前　言

万物各得其和以生，各得其养以成。生态文明关系国家、民族的未来，关乎广大人民的福祉。对于快速发展的我国而言，经济、社会与环境资源之间的相互协调，乃一个长期、宏大的命题。党的十八大以来，生态文明建设与经济建设、政治建设、文化建设、社会建设共同构成新时代中国特色社会主义"五位一体"的战略布局，取得了显著成效：建立并实施生态文明建设目标评价考核和责任追究、河湖长制等制度，制定、修订30多部生态环境领域法律和行政法规；2021年全国地级及以上城市细颗粒物（$PM_{2.5}$）平均浓度比2015年下降34.8%，全国地表水Ⅰ—Ⅲ类断面比例上升至84.9%，土壤环境风险得到有效管控，全面禁止洋垃圾入境。[①] 与此同时，城市环境空气质量总体仍未摆脱"气象影响型"，尚有29.8%的城市$PM_{2.5}$平均浓度超标，臭氧污染仍较为突出，城市空气环境治理任务依然严峻。[②] 党的二十大报告明确，我们坚持可持续发展，坚持节约优先、保护优先、自然恢复为主的方针，像保护眼睛一样保护自然和生态环境，坚定不移走生产发展、生活富裕、生态良好的文明发展道路，实现中华民族永续发展。可见，人与自然和谐共生乃中国式现代化的重要内容。

国家审计作为党和监督体系的重要组成部分，持续推进审计管理体制改革与审计全覆盖，在国家治理体系和治理能力现代化建设中具有天然优势。基于委托代理产生的环境公共受托责任，乃环境治理的基础，国家审计以此监督、评价环境公共受托责任的履行情况，能够促进政府有效地履行环境保护职责。例如，国家审计审查环境资源治理资金，跟踪环境资源政策执行，监督环境治理和资源管理项目……在本质上就是在维护、践行生态文明建设的核心诉求。2021年修正的《中华人民共和国审计法》（以下简称《审计法》）要求，审计机关对国有资源、国有资产，进行审计监督；可以对被审计单位贯彻落实国家重大经济社会政策措施情况进行审计监督；领导干部经济

---

① 张璐. 二十大报告提出深入推进环境污染防治，下一步要怎么做［EB/OL］.［2022-10-20］. https://baijiahao.baidu.com/s?id=1746827436981320206&wfr=spider&for=pc.
② 中华人民共和国生态环境部. 2021中国生态环境状况公报［R/OL］.［2022-10-20］. http://www.gov.cn/xinwen/2022-05/28/5692799/files/349e930e68794f3287888d8dbe9b3ced.pdf.

环境治理与国家审计

责任审计和自然资源资产离任审计,依照本法和国家有关规定执行。《"十四五"国家审计工作发展规划》提出,以加快推动绿色低碳发展,改善生态环境质量,提高资源利用效率,助力美丽中国建设为目标,全面深化领导干部自然资源资产离任审计,加强对生态文明建设领域资金、项目和相关政策落实情况的审计。显然,国家审计在环境治理领域具备了法律和政策的执行依据。在环境治理的整体结构体系中,国家审计的独立性、专业性、权威性特征,使其具有其他监督机制无法替代的地位。

基于环境治理的紧迫要求、国家审计的特有职能,本书围绕环境治理与国家审计,在吸收国内外研究成果的基础上,展开深入探讨。可持续发展作为迫切的时代诉求,环境治理属于其实现的具体路径之一,治理过程不可避免地存在"市场失灵"与"政府失灵"的问题。保护环境与管理资源乃政府的法定职责,亟须在国家治理体系中获得有效监督。鉴于环境公共受托责任的基本属性,国家审计(本书中国家审计与政府审计均系同一概念,不做区分,环境审计属于国家审计的一种类型)具有对其鉴证、评价等法定职能,目的就在于监督政府能够良好地履行环境保护职责。我国国家审计参与环境治理不仅在理论上具备坚强厚实的基础支持,而且通过实践进一步检验了其对水环境治理的促进作用,其实践工作可以追溯到20世纪80年代。由此,国家审计获得了理论和实证的正当性。对于我国新时代中国特色社会主义审计制度而言,世界审计组织以及美国、荷兰、澳大利亚提供了丰富的关于国家审计与环境治理的先进经验,当然也亟须从坚持党对审计的领导、明确审计的法治目标、引入审计的公平价值、改进审计的立法结构、搭建审计的协同机制、优化审计的法规内容、构造审计的正当程序、提升审计的专业能力等层面,创新国家审计的治理路径,进而提升环境治理的整体效能。

事实上,无论是环境治理,还是国家审计,均是需要长期专注的重大课题。本书在撰写过程中,囿于学术水平及其他诸多因素,可能存在疏漏、偏颇等不足之处,希望各界同人批评指正、不吝赐教。

胡耘通
2022 年 10 月

目 录

第一章　可持续发展与环境治理　// 001
　　第一节　可持续发展的时代诉求　// 001
　　第二节　环境治理与"市场失灵"　// 005
　　第三节　环境治理与"政府失灵"　// 008

第二章　环境治理与国家审计的基本阐释　// 018
　　第一节　环境治理与国家审计起源　// 018
　　第二节　环境治理与国家审计发展　// 021
　　第三节　环境治理与国家审计制度体系　// 028

第三章　环境治理与国家审计的关联向度　// 039
　　第一节　环境治理与国家审计的基础奠定　// 039
　　第二节　环境治理与国家审计的理论关联　// 045
　　第三节　环境治理与国家审计的实证关联
　　　　　　——以环境审计促进水环境治理为例　// 050

第四章　环境治理与国家审计的域外借鉴　// 062
　　第一节　世界审计组织审计及其环境治理　// 062
　　第二节　美国国家审计及其环境治理　// 066
　　第三节　荷兰国家审计及其环境治理　// 070
　　第四节　澳大利亚国家审计及其环境治理　// 073
　　第五节　环境治理的国家审计域外经验　// 080

第五章　环境治理与国家审计的创新选择　// 084
　　第一节　坚持党对环境审计的领导　// 085
　　第二节　明确环境审计的法治目标　// 089
　　第三节　引入环境审计的公平价值　// 092
　　第四节　改进环境审计的立法结构　// 095
　　第五节　搭建环境审计的协同机制　// 097
　　第六节　优化环境审计的法规内容　// 101
　　第七节　构造环境审计的正当程序　// 104
　　第八节　提升环境审计的专业能力　// 107

第六章　环境治理与国家审计的实践例证
　　　　——基于河长制政策跟踪审计协同治理的考量　// 111
　　第一节　河长制政策的简要介绍　// 111
　　第二节　河长制政策跟踪审计的提出及实践归纳　// 113
　　第三节　河长制政策跟踪审计与协同治理连接　// 126
　　第四节　河长制政策跟踪审计的协同治理阻碍　// 129
　　第五节　河长制政策跟踪审计的协同治理完善　// 134

参考文献　// 142

第一章　可持续发展与环境治理

第一节　可持续发展的时代诉求

党的十六大以来，党中央高举中国特色社会主义伟大旗帜，以邓小平理论和"三个代表"重要思想为指导，立足社会主义初级阶段基本国情，总结中国发展实践，借鉴国外发展经验，适应中国发展要求，提出了科学发展观这一重大战略思想，坚持以人为本，树立全面、协调、可持续的发展观，促进经济社会和人的全面发展。作为可持续发展的重要内容，生态可持续发展备受重视，国家颁布一系列环境保护政策、鼓励节能减排、开发新能源。中国共产党在生态文明层面，牢固树立新发展理念，坚持"绿水青山就是金山银山"的绿色发展理念，建设美丽中国。2019年10月24日，首届可持续发展论坛召开，国家主席习近平致信指出，中国秉持创新、协调、绿色、开放、共享的发展理念，推动中国经济高质量发展，全面深入落实2030年可持续发展议程。同时，中国积极深化南南合作，推动共建"一带一路"同2030年可持续发展议程深入对接，为全球实现可持续发展目标作出积极贡献。希望各方积极寻求落实2030年可持续发展议程的良策，促进共同发展，携手构建人类命运共同体。[①] 习近平总书记先后在不同的场合提出："人与自然是生命共同体。""生态环境没有替代品，用之不觉，失之难存。""当人类合理利用、友好保护自然时，自然的回报常常是慷慨的；当人类无序开发、粗暴掠夺自然时，自然的惩罚必然是无情的。"[②] 人属于自然界的一部分，人生活在自然之中，通过实践有意识地改造自然，同时也受到来自自然的约束。如果自然界遭到破坏，人类生存发展就成了无源之水、无本之木。可持续发展是破解当前全球性问题的"金钥匙"，同构建人类命运共同体目标相近、理念相通，都将造福全人类、惠

---

① 习近平. 习近平向首届可持续发展论坛致贺信［N/OL］.（2019-10-25）［2022-01-25］.https://m.gmw.cn/baijia/2019-10/25/33262959.html.

② 中国国际发展知识中心. 开辟崭新的可持续发展之路的科学指引：深入学习贯彻习近平总书记关于可持续发展的重要论述［EB/OL］.（2021-11-16）［2022-03-12］.http://www.sx-j.gov.cn/a/dkll/20211116/57191.html.

及全世界。①

千百年来,发展始终是人类矢志不渝追求的一个最基本主题。然而,自19世纪伊始,工业革命带来了生产力、生产水平的极大提升,科技发展推动了经济规模的不断扩张,人类在连续创造辉煌的同时,开始骄傲地提出"征服自然"的口号,以西蒙(Simon)、卡恩(Kahn)的观点为代表,他们认为,依靠技术进步和生产力提高能够实现"无极限"的增长目标。②在随后的20世纪上半叶,改造、征服自然的思想占据主导,滥用赖以支撑经济发展的环境资源,产生了诸多违背社会持续发展的"环境危机",人类生存条件日趋恶化,甚至多次受到自食其果的严重惩罚。此后,罗马俱乐部发布研究报告《增长的极限》,认为由于人口增长、粮食、生产、工业发展、资源消耗和环境污染等基本因素呈指数增长,全球增长会在21世纪达到极限,并提出"回到自然"的"零增长"路径。③迄今为止,在对经济增长的全球性热烈追逐中,似乎没有什么力量能够真正抗衡已经无处不在的"永动式"驱动力量。在哈丁(Hardin)看来,跳不出传统经济理论永远增长理念的羁绊,是导致全球不可持续发展的要害:导致不可持续发展的危险性存在于追求"永远发展"的发展观,以及迎合、刺激、维护这种发展观的发达国家的整个社会结构、社会机制。④在人类社会发展的十字路口,这给21世纪留下了发展模式的选择困境。

人类在经济增长方面的成就总是伴随着对环境、资源的破坏,经济发展的同时造就了一个我们不愿意看到的世界,并最终伤害了人类自己。人类反思以往行为的过失,尤其对工业化道路、经济增长方式进行深入批判,试图寻找一种全新的发展模式。1972年6月,联合国在瑞典斯德哥尔摩召开"人类与环境"会议,会议发布《联合国人类环境宣言》,该宣言向全球呼吁:保护和改善人类环境是关系到全世界各国人民的幸福和经济发展的重要问题,也是全世界各国人民的迫切希望和各国政府的责任。1987年2月,世界环境与发展委员会(WCED)发布《我们共同的未来》研究报告,首次系统阐述了"可持续发展"——"既满足当代人的需要,又不对后代人满足其需要构成危害的发展"。该定义涵盖了两个重要维度:"需要",特别是世界上贫困人口的基本需要,应当置于十分优先的位置来考量;"限制",技术状况和社会组织对环

---

① 习近平. 坚持可持续发展 共创繁荣美好世界:在第二十三届圣彼得堡国际经济论坛全会上的致辞[N]. 光明日报,2019-06-08(2).
② 陈泉生. 可持续发展与法律变革[M]. 北京:法律出版社,2000:54-55.
③ 丹尼斯·米都斯,梅多斯. 增长的极限:罗马俱乐部关于人类困境的报告[M]. 李宝恒,译. 长春:吉林人民出版社,1997:17-18.
④ 邬沧萍,侯东民. 人口、资源、环境关系史[M]. 北京:中国人民大学出版社,2005:168.

境满足眼前和将来需要的能力施加的限制。之后，可持续发展在两个重要的国际文献中得到详细阐述：一个是世界自然保护同盟（IUCN）、联合国环境规划署（UNEP）和世界野生生物基金会（WWF）共同编写，1992年发行的《保护地球——可持续生存战略》[①]；另一个是1992年6月在巴西里约热内卢召开的联合国"环境与发展大会"通过的《21世纪议程》。该议程由可持续发展战略、社会可持续发展、经济可持续发展、资源的合理利用与环境保护四个部分组成，在更高层次、更大范围内提出可持续发展的全球战略，要求每个国家都在制定政策、规划选择上贯彻可持续发展理念。至此，为了实现人类真正意义上的可持续发展，各国决心改变现行的生产方式、消费行为和增长观念，实现经济、社会、生态的相互协调。2002年8月，南非约翰内斯堡召开可持续发展世界首脑会议，《约翰内斯堡可持续发展宣言》继续强调："消除贫困、改变消费和生产方式，保护和管理经济与社会发展所需的自然资源是可持续发展的中心目标，也是可持续发展的根本要求。"2012年6月，在巴西里约热内卢召开的联合国可持续发展大会，作为继1992年联合国"环境与发展大会"及2002年南非约翰内斯堡可持续发展世界首脑会议后，在国际可持续发展领域举行的又一次大规模、高级别会议，再次重申了坚持经济、社会发展和环境保护三大支柱统筹的可持续发展原则，以及有效促进可持续发展的机制框架。2015年9月，第70届联合国大会通过《改变我们的世界——2030年可持续发展议程》，193个会员国一致通过了可持续发展目标——述及发达国家和发展中国家人民的需求并强调不会落下任何一个人。新议程范围广泛且雄心勃勃，涉及可持续发展的三个层面：社会、经济和环境。该议程还确认调动执行手段，包括财政资源、技术开发和转让以及能力建设，并指出伙伴关系的作用至关重要。2016年9月发布的《中国落实2030年可持续发展议程国别方案》指出，中国将17项可持续发展目标和169个具体目标纳入国家发展总体规划，并在专项规划中予以细化、统筹和衔接，中国已经建立落实可持续发展议程部际协调机制，43家政府部门将各司其职，保障各项工作顺利推进，积极开展试点示范，循序渐进向全国推广。2017年8月，首份《中国落实2030年可持续发展议程进展报告》发布，报告对中国落实可持续

[①] 《保护地球——可持续生存战略》是为人类生存发展的政策和行动提供内容广泛而实用的指南。全书分为两篇：第一篇持续生存的原则，确定了可持续生存的社会原则和58个行动建议，包括：尊重和保护生活社区；改善人类生活质量；保护地球活力和多样性；最大限度地减少非再生资源的耗竭；使发展规模保持在地球的承载能力之内；改变个人的态度和行为；使社区关心自己的环境；提供协调发展与保护的国家框架以及建立全球联盟。第二篇持续生存的进一步行动，提出62个进一步的行动，以确保第一篇中的原则得以实施，并将其应用于能源、商业、工业和贸易、人类居住区、农田和牧场、森林和土地、淡水、海洋和沿海地区。参见世界自然保护同盟，联合国环境规划署，世界野生生物基金会.保护地球：可持续生存战略[M].国家环境保护局外事办公室，译.北京：中国环境科学出版社，1992.

发展的进展情况进行了总结，① 并提出三点经验：一是注重组织协调。在中央政府层面建立了 43 个部委办协调机制，并通过发布国别方案和进展报告等方式保持部门之间的经常性紧密沟通，形成一个监测监督和竞争机制。二是注重规划引导，将《改变我们的世界——2030 年可持续发展议程》与中国中长期发展规划相结合。三是在全面落实基础上，突出一些重点和优先领域的推进。② 随后，《中国落实 2030 年可持续发展议程进展报告（2019）》《中国落实 2030 年可持续发展议程进展报告（2021）》先后发布，尤其指出在 2020 年底，中国如期完成脱贫攻坚目标任务，现行标准下 9899 万农村贫困人口全部脱贫，提前 10 年完成联合国 2030 年可持续发展议程减贫目标。③

  作为一种最具创新性的发展模式，可持续发展能够对人类社会产生巨大而深远的影响。可持续发展作为一个动态、变化的概念，尽管不同领域的专家、学者从自然属性、社会属性、经济属性、科技属性和空间属性等不同角度进行了详细解释、阐述，④ 但人们对可持续发展的核心内涵基本达成共识：一是生存，即保证人类的生存；二是生态阈限内的生产力，即不破坏生态系统的最大生产力；三是经济、社会发展，即经济的繁荣和社会秩序的稳定；四是区域的长期承载力。⑤ 在可持续发展系统中，经济发展处于基础层面，环境保护处于条件层面，社会进步处于目的层面，三者构成一个紧密联系、相互影响的复合体系。在各个时期内，只要社会能够保持与经济、资源环境相互协调，那么社会就符合可持续发展的内在要求。进入 21 世纪，人类共同追求的目标是以人为本的"自然-经济-社会"复合系统的持续、稳定、健康地进步。⑥ 显然，可持续发展既是一个衡量人类社会能否有序进化的客观标准，又是一个追求人与自然和谐、人与人（包括代与代之间的人）公平，保障人们生存环境持续改善、生活质量

---

  ① 关婷，薛澜.世界各国是如何执行全球可持续发展目标（SDGs）的？[J].中国人口·资源与环境，2019（1）：11-20.
  ② 祝惠春，徐晓燕.交流发展理念-贡献中国智慧[N].经济日报，2017-08-22（3）.
  ③ 韩鑫.凝聚发展共识 携手应对挑战[N].人民日报，2021-09-28（10）.
  ④ NIU W Y, LU J J, KHAN A A.Spatial systems approach to sustainable development: A conceptual framework [J]. Environmental Management, 1993, 17（2）: 179-186.
  ⑤ KUHNEN F.Sustainability regional development and marginal locations [J]. Geography & Development, 1994（39）.
  ⑥ GUTÉS M C.The concept of weak sustainability [J].Ecological Economics, 1996, 17（3）: 147-456.

不断提升的目标。① 传统工业化发展模式必须向新的可持续发展模式转变，② 在日趋严峻的地球资源和环境约束条件下，人类社会必须采取新的方案以实现人类共同发展。当前，世界已经进入实质性推进可持续发展的进程。③

可持续发展的目标在于尽快发展经济以满足人类日益增长的基本需要，但经济发展不应超出环境资源的阈值，经济、社会与环境资源必须能够相互协调。因此，在实现可持续发展过程中，一般需要围绕三大原则展开：第一，公平性。其包括两个层次：首先需要坚持面向当下的代内公平，即同一代人，不论国籍、种族、性别、经济水平和文化差异，在要求良好生活环境和利用自然资源方面，都享有平等的权利，强调任何国家、地区的发展不能以损害别的国家和地区的发展为代价；其次需要坚持面向未来的代际公平，即指当代人和后代人在利用环境资源、满足自身利益、谋求生存与发展上权利均等，要求当代人的发展不能以损害后代人的发展为代价。第二，持续性。其核心在于人类的经济和社会发展不能超越环境资源承载能力，即在满足基本需要的同时施以限制，以不损害大气、水、土壤、生物等自然条件为前提，应当充分考虑环境资源的临界性。第三，共同性。鉴于世界各国历史、文化和社会发展水平的不同，可持续发展的目标、政策和实施步骤也存在较大差异。但作为全球变革的总目标，可持续发展所体现的公平性、持续性也是共同的，各国应当采取联合行动以实现这一总目标。

第二节　环境治理与"市场失灵"

依照可持续发展要求，保护环境成为当代人所面临的重大的全球性挑战。当今时代，人口爆炸、粮食短缺、资源枯竭、能源危机和环境污染等难题，极大地困扰着人类的持续生存和发展。罗马俱乐部成员、布达佩斯俱乐部创始人、被誉为当代最前沿的思想家和科学家之一的拉兹洛（Laszlo）认为，以空气、水源和土壤污染为代表的环境资源危机是人类"未来面临的最重大挑战——比健康、人权、人口增长和贫富悬殊等问题

---

① 毛志锋.人类文明与可持续发展：三种文明论——全球视野与中国经验［M］.北京：新华出版社，2004：126.
② 潘家华，陈孜.2030年可持续发展的转型议程：全球视野与中国经验［M］.北京：社会科学文献出版社，2016：76.
③ 诸大建.世界进入了实质性推进可持续发展的进程［J］.世界环境，2016（1）：19–21.

更重要"。① 可以说，环境问题既与其他难题密切相关，又居于各个难题之首，是21世纪影响人类生存和发展的最突出问题。早在1962年那个"寂静的春天"，卡逊（Carson）就曾警告世人："在人们的忽视中，一个狰狞的幽灵已向我们袭来。"② 在我国，2016年国务院印发的《"十三五"生态环境保护规划》（国发〔2016〕65号）指出，经济社会发展不平衡、不协调、不可持续的问题仍然突出，多阶段、多领域、多类型生态环境问题交织，生态环境与人民群众需求和期待差距较大。比较典型的是，污染物排放量大面广，环境污染重。78.4%的城市空气质量未达标，公众反映强烈的重度及以上污染天数比例占3.2%，部分地区冬季空气重污染频发高发。饮用水水源安全保障水平亟须提升，排污布局与水环境承载能力不匹配，城市建成区黑臭水体大量存在，湖库富营养化问题依然突出，部分流域水体污染依然较重。全国土壤点位超标率16.1%，耕地土壤点位超标率19.4%，工矿废弃地土壤污染问题突出。2021年12月印发的《"十四五"土壤、地下水和农村生态环境保护规划》（环土壤〔2021〕120号）提出"生态环境保护结构性、根源性、趋势性压力总体上尚未根本缓解，以重化工为主的产业结构尚未根本改变，部分污染物排放总量仍处于高位。土壤、地下水和农业农村污染防治与美丽中国目标要求还有不小差距，到2035年实现土壤和地下水环境质量稳中向好的目标任务异常艰巨"。"十四五"时期，土壤、地下水和农业农村生态环境保护形势依然严峻。

可见，长期以来盛行的经济学和技术化解决方案，其局限性日益凸显，环境保护已不单纯是一个经济技术问题，其严峻性和复杂性带来的政治、经济、社会风险，已经超越生态环境本身。在当今"这里有很大的政治"——"这是一个深谙中国现实的政治家对于生态文明的基本判断"③。事实上，正常运行的市场机制能够促使资源在不同用途之间和不同时间序列实现有效配置。然而，在众多环境资源的实际使用中，面临的却是不完全或不健全的市场，市场无法有效运作——"市场失灵"，④ 这成为环境问题产生的重要根源之一。

一、公共性问题

一直以来，环境资源都被人们视为公共财产，具有公共物品的基本属性，主要表现为非排他性、无偿性、强制性和不可分割性等特征。私人消耗环境资源的数量，更

---

① 欧文·拉兹洛.巨变[M].杜默，译.北京：中信出版社，2002：165.
② 蕾切尔·卡逊.寂静的春天[M].吕瑞兰，李长生，译.长春：吉林人民出版社，1997：3.
③ 罗斯·特里尔.生态问题是很大的政治：《习近平复兴中国》连载[N].学习时报，2016-10-27（3）.
④ 曹明宏，张光宏，陈祖涛.环境领域市场失灵的机理及其宏观调控方略[J].华中农业大学学报（社会科学版），2000（4）：11-13.

多取决于其向社会提供的数量,虽然生产活动包含了失去生产其他产品的机会成本,但消耗环境资源几乎没有机会成本。例如,一个人欣赏自然风光(这也属于消费的一种类型),并不影响其他人消费同一自然风光。环境资源还有一个特征在于供给的不可分性。在多数情况下,个人不论是否支付对价,都可以消费诸如空气、阳光等环境。既然无法排除他人消费,个人就不会为消费此类物品而支付对价,这便产生了所谓的"搭便车"问题。空气、水、土地、矿产等均在不同程度上具有公共物品特性。也正是基于该特性,环境被日益损害、资源被过度使用……并引发生态系统的失调、紊乱问题。以公共草场为例,其属于典型的公共财产,牧民放牧可以随时免费使用牧草,随着进入草场的牲畜数量不断增加,当被吃掉的草量超过其再生能力时,就会发生退化问题。可以说,"人类今日'取走的比送回的更多',并且已经达到威胁到生命必需的平衡的程度。因此,异养生物在完全利用自养代谢产物上总是落后的,这是生态系统的一个最重要特征"[①]。此乃哈丁(Hardin)"公地悲剧"理论的典型症状。

二、外部性问题

理论界一般将环境资源问题归结为外部性造成的环境退化、资源浪费等后果。外部性是指私人边际成本和社会边际成本之间,或者私人边际效益和社会边际效益之间的非一致性,即某些个人或企业行为损害了其他个人或企业,但都没有为此承担相应的成本,或者也没有获得相应的收益。外部性可以分为正、负两种,对于环境资源来说,大多表现为负外部性。例如,企业因生产活动而排放废水会污染河水,还有的企业将有害气体未加处理直接排放到空气中而污染空气,农民施用农药与化肥污染土地与农作物等,但这些几乎无法纳入生产成本。类似的负外部性问题可以说是无所不在的。单就个人或企业来说,所产生的负外部性问题对整个社会似乎微不足道,但如果所有企业和个人汇总起来,负外部性的影响效果将是巨大的,资源配置便会严重偏离帕累托最优状态。[②] "今天,我们的自由市场对自然界和人类社会都造成了危害,原因就在于这个市场没能反映出产品和服务的真实成本。"[③] 因此,市场机制运用于环保领域时,常常表现为低效甚至是无效的。

---

① 奥德姆.生态学基础[M].孙儒泳,译.北京:人民教育出版社,1982:28.
② 彭伟,李刚.论循环经济推进中的市场失灵及政府规制[J].科学管理研究,2008(6):46-49.
③ 保罗·霍肯.商业生态学:可持续发展的宣言[M].夏善晨,余继英,译.上海:上海译文出版社,2001:32.

三、不完备问题

虽然环境资源具有公共物品的典型属性,但在数量方面也并非取之不尽、用之不竭。环境资源是否限制人类行为的扩张活动,在某种程度上取决于环境资源是否能够真实反映其成本价格。随着经济社会的发展,人们日常经济活动逐步频繁,资源被大量消耗,环境遭到破坏,环境资源稀缺程度不断加剧。站在市场的角度,往往忽略了环境资源的稀缺性,加之产权不明、难以定价等影响因素,过去极少将其纳入生产要素实施分析。在理论层面,庇古(Pigou)、科斯(Coase)等从多个角度提出解决方案,但由于环境资源在产权方面的特殊性质,实践中解决类似问题具有较大的局限性。环境资源价格严重偏离真实价值,成为资源加速消耗、环境不断恶化的主要原因。此外,由于垄断与不完全竞争也造成了资源环境市场效率低下。[①]

第三节 环境治理与"政府失灵"

一、政府环境责任及其发展

任何政府都需要建立一套责任机制,这样才能在社会广泛的支持下进行运作。对任何主张民主的社会来讲,责任机制都是基本因素……要成为民主社会,就需要有一套适宜的责任机制。[②]具体到环境保护领域,对于政府来说,一般从积极和消极两个层面展开。钱水苗教授认为,政府环境责任是指在环境保护领域,中央和地方各级人民政府以及执行公务的人员,根据环境保护的需要和政府的职能定位所确定的分内应做的事,以及没有做或没有做好分内应做的事时所要承担的不利后果。[③]蔡守秋教授指出,政府环境责任是指法律规定的政府在环境保护方面的义务和权力(合称为政府第一性环境责任)以及因政府违反上述义务和权力的法律规定而承担的法律后果(简称政府环境法律责任,也称政府第二性环境责任)。[④]张建伟教授提出,政府环境责任是政府为满足社会公众的环境公共需求而承担的环境义务,其履行需要有相应的政府能力作

---

① 闫敏,高辉清.从循环经济看传统经济学的缺陷[J].现代经济探讨,2006(1):76-80.
② 欧文·E.休斯.公共管理导论[M].2版.彭和平,周明德,金竹青,译.北京:中国人民大学出版社,2007:268.
③ 钱水苗.政府环境责任与《环境保护法》的修改[J].中国地质大学学报(社会科学版),2008(2):49.
④ 蔡守秋.论政府环境责任的缺陷与健全[J].河北法学,2008(3):19.

支撑。由于我国环境问题的主因在于"政府失灵",因而亟须克服环境领域的"政府失灵",扭转环境法有效性不足的局面。①邓可祝分析,政府环境责任包括两个方面:一是指政府的环境职责,即在权力运行过程中所负有的保护环境和公众环境权益的义务;二是指政府的不利后果,即政府没有尽到环境职责而承担的相应否定性法律后果。②

总体上说,政府环境责任主要源于政府核心价值的嬗变——环境问题的紧迫性以及需要政府将其置于首位的客观现实。③然而,在不同的历史时期,政府承担责任的内容不尽相同。例如,在工业社会时期,个人权利意识开始慢慢觉醒,政府主要承担促进经济发展、保护公民安全、提升就业率等责任;④而进入环境社会时期,伴随生态环境破坏的加剧以及人们对优美环境的诉求,政府有义务保护生态条件,环保责任应运而生。尤其在发生了世界八大环境污染事件后,保护环境无疑成为政府责任领域的关键部分,确保环境与经济、社会的平衡,已然成为政府最为棘手的现实问题。⑤

自20世纪60年代,工业化国家爆发声势浩大的群众性环境保护运动,各国开始关注对生态环境的保护,深度介入环境治理。20世纪70年代早期,美国密歇根大学萨克斯(Sax)教授将公共信托理论引入环境保护领域——水、空气等与人类生活密不可分的环境要素是全体国民的公共财产。国家受全体共有人——国民的委托代为行使环境管理权,承担保护环境的义务,即对国家管辖权内的环境和资源,负有通过各种措施和途径加以妥善保护、改善、治理和管理的义务。⑥1972年6月,斯德哥尔摩召开的联合国人类环境大会通过了《联合国人类环境宣言》,该宣言提出保护和改善人类环境是各国政府的责任,它关系到各国经济发展状况,同时也是各国人民追求幸福的希望。"为实现这一环境目标,将要求公民和团体以及企业和各级机关承担责任……各地方政府和全国政府,将对在他们管辖范围内的大规模环境政策承担最大的责任……"1992年6月,联合国环境与发展会议发布的《里约环境与发展宣言》指出"各国应制定有效的环境保护立法,制定环境标准、管理目标,并提供司法和行政程序的有效途径,以更好地对环境污染案件的受害者进行赔偿和补救。各国政府也应广泛地提供信息,从而促进和鼓励公众的了解和参与。……而且每个人应有机会参加环

---

① 张建伟.政府环境责任论[M].北京:中国环境科学出版社,2008:14.
② 邓可祝.政府环境责任的法律确立与实现:《环境保护法》修订案中政府环境责任规范研究[J].南京工业大学学报(社会科学版),2014(3):24.
③ 朱艳丽.论环境治理中的政府责任[J].西安交通大学学报(社会科学版),2017(3):51.
④ 周庆行,吴长冬.生态责任:政府责任的新思考[J].福州党校学报,2008(2):23-26.
⑤ 李鸣.政府生态人格特征与管理体系研究[C]//中国环境科学学会.2010中国环境科学学会学术年会论文集(第二卷).中国环境科学出版社,2010:1270-1273.
⑥ 侯明光.论公民环境权[J].法律科学(西北政法大学学报),1991(3):42-43.

境保护的决策过程。国家治理环境污染时，应努力倡导使用经济手段使环境费用内在化。……各国间应进行合作，促进达成一个支持性的和开放性的国际经济体系，这个体系将能支持所有国家的经济增长和持续发展，同时更好地处理环境退化的问题。"这些都为政府履行保护责任明确了指引。

美国作为环境保护的典型代表国家，于1969年颁布了《国家环境政策法》，该法首先宣示了"联邦政府将与各州、地方政府以及有关公共和私人团体合作采取一切切实可行的手段和措施，包括财政和技术上的援助，发展和增进一般福利，创造和保持人类与自然得以共处的各种条件，满足当代国民和子孙后代对于社会、经济以及其他方面的要求"。为执行所宣示的国家环境政策，其进一步规定，联邦政府有责任采取一切切实可行并与国家政策的其他基本考虑相一致的措施，改进并协调联邦的计划、职能、方案和资源，以达到如下目的，即国家应当履行每一代人都作为子孙后代的环境保管人的责任；保证为全体国民创造安全、健康、富有生命力并符合美学和文化上的优美环境；最大限度地合理利用环境，不得使其恶化或者对健康和安全造成危害，或者引起其他不良的和不应有的后果；保护国家历史、文化和自然等方面的重要遗产，并尽可能保持一种能为每个人提供丰富与多样选择的环境；促进人口与资源的利用达到平衡，以实现国民享受高度的生活水平和广泛舒适的生活；提高可再生资源的质量，并使易枯竭资源达到最高程度的再循环。[①] 上述规定从总体上确认了联邦政府的环境责任。当然，《国家环境政策法》并未延续传统的行政控权理念，并未过多限制政府行使应有的环境权力，反而给予了较大自由空间——联邦政府有责任采取一切切实可行的手段与措施。所采取的各种措施必须达到合理开发资源、优化保护环境、最大限度地提供环境产品与服务等方面的目标，这是最基本的要求。

相较而言，改革开放以来，我国经济长期处于高速增长的进程中。虽然一直致力于法律法规、机构人员等方面的持续完善，尽力减少经济社会发展对环境的负面影响，但我国仍然为当前经济社会发展的巨大成就付出了惨重的环境代价。当下，我国可持续发展所面临的环境挑战的复杂性以及困难程度，是世界其他国家都未曾经历的。回顾改革开放40多年的进程，我国发展的两个本质特征在于持续、快速的经济增长，以及由此带来的显著甚至可以说是剧烈的社会经济变革。[②] 确实，在全面建成小康社会的宏观背景下，党中央、国务院持续重视环境保护。习近平总书记多次强调，"绿水青

---

① 王曦. 美国环境法概论 [M]. 武汉：武汉大学出版社，1992：216.
② 张庆丰，罗伯特·克鲁克斯. 迈向环境可持续的未来：中华人民共和国国家环境分析 [M]. 北京：中国财政经济出版社，2012：4.

山就是金山银山""要坚持节约资源和保护环境的基本国策""像保护眼睛一样保护生态环境,像对待生命一样对待生态环境"。党的十八大以来,党中央、国务院把生态文明建设摆在更加重要的战略位置,纳入"五位一体"总体布局,专门出台《中共中央、国务院关于加快推进生态文明建设的意见》(中发〔2015〕12号)、《生态文明体制改革总体方案》。随后,2018年党的十九大再次要求"加快生态文明体制改革,建设美丽中国"。2021年3月发布的《中华人民共和国国民经济和社会发展第十四个五年规划和2035年远景目标纲要》在第十一篇"推动绿色发展 促进人与自然和谐共生"明确"坚持绿水青山就是金山银山理念,坚持尊重自然、顺应自然、保护自然,坚持节约优先、保护优先、自然恢复为主,实施可持续发展战略,完善生态文明领域统筹协调机制,构建生态文明体系,推动经济社会发展全面绿色转型,建设美丽中国"。

可以说,生态文明建设的认识深度、实践力度,也是前所未有的。2020年6月,美国耶鲁大学和哥伦比亚大学联合发布了《2020年全球环境绩效指数(EPI)报告》,其中明确显示:评估指标共有32个,包括空气中的$PM_{2.5}$污染物、饮用水质量、废物管理、树木覆盖面积、二氧化碳排放量等。[①] 在参评的180个国家和地区中,我国以37.3分位居第120位,过去10年来,该指数上升8.4个百分点,我国减少了二氧化硫和二氧化碳排放,也减慢了温室气体强度增长率。

在此基础上,政府环境保护责任也在根本法以及其他法律法规中予以明确。《中华人民共和国宪法》(以下简称《宪法》)第26条第1款明确规定:国家保护和改善生活环境和生态环境,防治污染和其他公害。《宪法》第9条第2款规定:国家保障自然资源的合理利用,保护珍贵的动物和植物。禁止任何组织或者个人用任何手段侵占或者破坏自然资源。《中华人民共和国环境保护法》(以下简称《环境保护法》)、《中华人民共和国大气污染防治法》、《中华人民共和国水污染防治法》、《中华人民共和国固体废物污染环境防治法》、《中华人民共和国海洋环境保护法》、《中华人民共和国森林法》、《中华人民共和国水土保持法》、《中华人民共和国环境影响评价法》等与环境保护相关的法律法规中也规定了政府在专门环境保护领域中的法律责任。以《环境保护法》为例,其属于环境保护领域的综合性法律,功能与美国《国家环境政策法》近似。《环境保护法》关于政府环境责任的规定主要体现在第一章总则(第1~12条),第二章监督管理(第13~27条),第三章保护和改善环境(第28~39条),第四章防治污染和其他公害(第40~52条)。其中,第4条第2款在总体上明确了"国家采取有利于

---

① 郝春旭,邵超峰,董战峰,等.2020年全球环境绩效指数报告分析[J].环境保护,2020,48(16):68-72.

节约和循环利用资源、保护和改善环境、促进人与自然和谐的经济、技术政策和措施，使经济社会发展与环境保护相协调"。该法第 6 条第 2 款要求"地方各级人民政府应当对本行政区域的环境质量负责"。可见，如果按照"应当"作为责任要求标准，那么现行法律只规定了地方政府"应当"负"环境质量责任"，却未明确中央政府的职责。2018 年 3 月，第十三届全国人民代表大会第一次会议通过的《中华人民共和国宪法修正案》，将《宪法》第 89 条"国务院行使下列职权"中"（六）领导和管理经济工作和城乡建设"修改为"（六）领导和管理经济工作和城乡建设、生态文明建设"。本次修改《宪法》之后，在根本法层面进一步确立了中央人民政府——国务院具有生态文明建设的职责，弥补了现行法律法规之不足。

二、政府环境治理的"失灵"表现

根据环境库兹涅茨曲线[①]规律，当经济发展到一定程度之后，将为环境改善提供支持。由于我国仍处于库兹涅茨曲线的左半段，经济增长与环境治理之间仍未达到互动的良性阶段，而何时达到这一阶段也是未知数。[②] 为了解决市场失灵，凯恩斯学派通过对新古典学派的"革命"，提出采用政府干预来弥补市场失灵的主张，来提高资源配置的效率。英国福利经济学家庇古（Pigou）在 1920 年所著的《福利经济学》中提出了"庇古税"——依靠政府介入来解决负外部性的重要途径：当企业施以一种外部社会成本时，应当对其征收税款，税款与企业产出所造成的外部损害相等，即税款应当恰好等于边际外部成本，使企业将外部成本——环境损害纳入实际成本核算，以确保价格能反映生产的社会成本。"市场失灵"使政府介入环境治理成为必然，但用来弥补市场缺陷的政府职能及其管制本身也并非完美无缺，[③] 同样存在"政府失灵"——政府具有自身局限性，市场解决不好的问题，政府也不必然解决得好。甚至"政府失灵"会进一步加重"市场失灵"。[④] 在实践中，政府治理环境存在诸如"运动式执法""不出事逻

---

① 库兹涅茨曲线是 20 世纪 50 年代诺贝尔经济学奖获得者、经济学家库兹涅茨（Kuznets）用来分析人均收入水平与分配公平程度之间关系的一种学说。研究表明，收入不均现象随着经济增长先升后降，呈现倒 U 型曲线关系。当一个国家经济发展水平较低的时候，环境污染的程度较轻，但是随着人均收入的增加，环境污染由低趋高，环境恶化程度随经济的增长而加剧；当经济发展达到一定水平后，到达某个临界点或称"拐点"以后，随着人均收入的进一步增加，环境污染又由高趋低，其环境污染的程度逐渐减缓，环境质量逐渐得到改善，这种现象被称为环境库兹涅茨曲线。

② 包群，彭水军. 经济增长与环境污染：基于面板数据的联立方程估计 [J]. 世界经济, 2006 (11): 48-58.

③ 斜晓东. 环境法调整机制运行双重失灵的主要症结 [J]. 河北学刊, 2010, 30 (6): 108-111.

④ 王曦. 建设生态文明需立法克服资源环境管理中的"政府失灵" [J]. 环境保护, 2008 (5): 24-25.

辑""权法矛盾",①以及政府不履行或不积极履行环保职责等诸多问题。政府环境失灵,主要表现为政府在环境保护领域所规定或采取的法律和政策目标、任务和措施未能达到预期的社会效果,甚至出现负面效果或者产生新的环境问题的状态。②进一步说,环境治理领域较为广泛地出现了两种"政府失灵"类型:第一,政府"主动作为"导致"失灵",例如,在规划经济发展、招商引资、审批项目的过程中,只关注规划或项目的经济效益、社会效益,忽视潜在的环境损害;第二,政府"懈怠行为",即政府在环境治理领域的消极不作为。③其实,政府治理环境不力主要源于结构性的体制问题,即环境责任的"边缘化"与经济责任的"中心化"之间的内在张力。④

(一) 利益偏失

长期以来,中央对地方的绩效考核围绕国内生产总值(gross domestic product,简称GDP)的增长速度为主要标准,而忽略其他领域的考察。该种考核方式容易使地方政府片面追求增长速度却忽视增长质量,漠视粗放式增长触发的环境问题。⑤甚至会出现地方政府动用自身权力维护企业利益,形成地方政府和企业逐利上的"趋同"性。⑥尤其在经济欠发达地区,政府不干预甚至"放任"环境污染的现象屡见不鲜:⑦为了追求国内生产总值增长率,个别政府官员忽略经济增长所付出的环境成本,对严重的环境污染视而不见,缺乏政策措施来予以纠正,或难以有效贯彻实施。⑧可以说,市场——"看不见的手"发挥调节作用,市场主体通过"利他"来实现"利己"目标,但个别政府的"利己"行为以损害社会公共利益为代价。此外,公务人员的喜好也可能引发政府被市场利益所左右。作为"理性"个体,政府及其公务人员都具有特殊的利益诉求,即使清楚公共利益之所在,决策也未必与之相符。进而言之,政府往往更

---

① 杜辉.论制度逻辑框架下环境治理模式之转换[J].法商研究,2013,30(1):69-76.
② 蔡守秋.论政府环境责任的缺陷与健全[J].河北法学,2008(3):17-25.
③ 王曦.从"统一监督管理"到"综合协调":《中华人民共和国环境保护法》第7条评析[J].吉林大学社会科学学报,2011,51(6):85-92.
④ 晋海.我国基层政府环境监管失范的体制根源与对策要点[J].法学评论,2012,30(3):89-94.
⑤ 关劲峤.环境管理中政府失灵的治理:基于共有产权住房视角[J].哈尔滨工业大学学报(社会科学版),2015,17(4):135-140.
⑥ 许庆明.试析环境问题上的政府失灵[J].管理世界,2001(5):195-197.
⑦ 曾丽红.我国环境规制的失灵及其治理:基于治理结构、行政绩效、产权安排的制度分析[J].吉首大学学报(社会科学版),2013,34(4):73-78.
⑧ 张琳.环境污染问题的经济学分析:基于市场失灵与政府失灵的考察[J].山东财政学院学报,2008(5):24-27.

加偏爱企业，其利益主张更容易得到"充分"甚至"过度"照顾，此乃规制俘虏理论①的典型表征。地方政府出于自身利益等方面的考虑，过度追求辖区内的经济增长，由此导致环境管理失灵。②此时，环境保护往往异化成"污染保护"，以此来保障辖区内企业的利益以及地方政府的短期利益。

（二）约束薄弱

在多层级政府间，环境保护的权责如何划分，是一个重要且颇受争议的话题。③在我国环境治理中，政府之间存在自上而下的环境保护目标责任制，采用的是"政策制定集权、监管分权"的混合型环境管理体制，即环境政策主要由中央政府制定。④

一般而言，我国"督政"主要采取自上而下的方式，以确保环境保护目标的实现，即建立目标考核责任制。中央政府对地方政府的考核，迫使其采取监管措施来应对环境污染。⑤从这个意义上说，针对地方政府所开展的环境保护目标责任制与考核评价制度构成了实施、落实政府环境保护责任的主要措施，并为《环境保护法》第26条所确认。为在政府考核中加大环境保护因素，中央和地方政府还先后出台了关于环境保护"一票否决"的政策规定，例如，2014年4月，国务院办公厅出台的《大气污染防治行动计划实施情况考核办法（试行）》（国办发〔2014〕21号）第9条明确："对未通过年度考核的地区，由环境保护部会同组织部门、监察机关等部门约谈省（区、市）人民政府及其相关部门有关负责人，提出整改意见，予以督促……对未通过终期考核的地区，除暂停该地区所有新增大气污染物排放建设项目（民生项目与节能减排项目除外）的环境影响评价文件审批外，要加大问责力度，必要时由国务院领导同志约谈省（区、市）人民政府主要负责人。"在落实上述政策规定的

---

① 规制俘虏理论认为，政府规制是为满足产业对规制的需要而产生的，即立法者被产业所俘虏；而规制机构最终会被产业所控制，即执法者被产业所俘虏。
② 刘尧.地方政府环境管理失灵的成因及对策［J］.现代经济探讨，2018（10）：16-20.
③ 马本，郑新业，张莉.经济竞争、受益外溢与地方政府环境监管失灵：基于地级市高阶空间计量模型的效应评估［J］.世界经济文汇，2018（6）：27-48.
④ 中央政府制定的环境政策包括环评"三同时"和排污收费"老三项"，环境目标责任制、城市环境综合整治定量考核制度、排污许可证制度、污染源限期治理制度和污染物集中控制"新五项"。污染物排放标准也主要由中央制定。譬如，中央制定的水污染物和大气污染物排放标准就达136项。
⑤ 黄冬娅，杨大力.考核式监管的运行与困境：基于主要污染物总量减排考核的分析［J］.政治学研究，2016（4）：101-112.

政策中，生态环境部（原环境保护部）①先后约谈多人次，目的在于促使地方政府治理好地方的生态环境，②并在此后加以更严厉的制约措施。

然而进一步来看，我国从1990年开始针对地方政府推行的"环境保护目标责任制"，其效果并不理想：首先，由于受到的社会关注度及政治压力不同，环境保护目标责任制及考核评价制度存在明显"因域而异"的现象，各领域之间不均衡。其次，在环境保护目标责任考核结果的公开上仍然有相当大的缺失，考核结果和评价等级无法从公开渠道获得，只能通过其他方式"侧面了解"。①即使是公开的环境保护数据，也存在造假、不真实情况。④最后，对"环境保护目标"的理解局限在某些诸如二氧化硫、氨氮、氮氧化物等的单项污染物排放量的减少上，即污染物排放总量的控制目标。虽然这会在促进地方政府履行环境保护职责、削减污染物排放等方面发挥正向影响，但是也会暴露出其他较多问题，例如，最突出的便是单项污染物"减排"与总体环境质量改善之间缺乏足够的关联关系，官方的"考核"结论与公众感知、满意程度之间存在一定的差距。例如，2016年发布的《吉林省2016—2020年政府环境保护目标责任制工作实施方案》（吉政发〔2016〕21号）要求对环境质量指标完成情况、环境管理工作情况、生态建设和环境保护项目建设情况三个层面进行考核，其中要求"各市（州）政府及长白山管委会所在地城市空气优良天数比例达到80%以上"，这就属于典型的污染控制指标，具有较大弹性。即使下级地方政府的环境指标难以完成，上级地方政府也容易

---

① 例如，环境保护部先后于2017年1月19日约谈山西临汾市政府主要负责人；于2017年4月1日约谈北京市大兴区，天津市北辰区，河北省石家庄赵县、唐山开平区、邯郸永年区、衡水深州市，山西省运城河津市政府主要负责人；于2017年7月10日约谈了吉林省四平市及公主岭市、江西省景德镇市、河北省衡水市、山东省淄博市、河南省荥阳市、山西省长治国家高新技术产业开发区政府主要负责人；于2018年5月3日约谈了山西省晋城、河北省邯郸和山西省阳泉政府主要负责人。

② 自2016年1月启动中央环保督察以来，共与768名省级及以上领导干部、677名厅级领导干部开展了个别谈话，对689个省级部门和单位进行走访询问；受理群众环境举报13.5万件，直接推动解决群众身边的环境问题8万多个，按程序向省级党委和政府累计移交移送387个生态环境损害责任追究问题案卷；累计立案处罚2.9万家企业，罚款约14.3亿元；立案侦查1518件，拘留1527人；约谈党政领导干部18448人，问责党政领导干部18199人，其中处级以上领导干部875人。另据透露，由于中央环保督察移交案卷的整改将持续很长一段时间，因此最终问责人数将远远超过1.8万人。参见佚名.环保"督察高压"步入常态化 约谈通报问责齐上阵[EB/OL].（2018-05-04）[2021-11-22]. http://news.sina.com.cn/c/2018-05-04/doc-ifzyqqiq6197652.shtml.

① 陈海嵩.新《环境保护法》中政府环境责任的实施路径：以环保目标责任制与考核评价制度为中心的考察[J].社会科学家，2017（8）：14-19.

④ 例如，2016年陕西省西安市环保局长安分局给空气采样器"戴口罩"事件；2017年宁夏回族自治区石嘴山市环保局雾炮车将大楼变"冰雕"事件，目的均是美化环境监测数据。

放松考核标准。① 在这种情况下，产生环境治理的"政府失灵"也就成为必然。

（三）有限理性

政府通过对公共物品的管理而维护公共利益，前提在于决策正确。但有限的认知能力导致政府理性也是有限的，决策未必都符合社会公共利益。而且，政府宏观决策一般影响巨大，其失误所造成的社会损失也就相当大，以至于"现在众多的政府行为对广大范围内的生态环境产生重大的影响，甚至影响到子孙后代的利益，例如，拦河大坝的修建会造成河流两岸大规模的生态破坏，核电站的建设会造成不可预料的环境影响"。② 面对市场在环境保护领域的失灵，虽然政府采取治理措施，但不一定起到弥补市场失灵的效果。例如，政府制定关于财政、税收、金融、价格以及环境保护等政策文件，也会引发环境价格的变化甚至扭曲，难以实现外部环境成本的有效内部化，并最终导致产品生产的私人成本与社会成本之间相互脱节。③

公共物品的性质决定了私人部门和公民个人一般不愿承担公共产品供给责任，公共物品供给成本只能由政府来承担。同时，政府的公共性也决定了政府在公共物品供给中的责任。④ 进一步来看，环境的公共物品属性，决定了治理必须是跨地区、跨部门，且需要多个单位协同。然而，基于立法、历史等各种原因，在我国实际实行的是统一管理与分级、分部门管理相结合的环境治理体制，这一环境治理体制条块分割特征明显，⑤ 机构重叠、职能交叉、权限不清、协调不足……从而为政府部门之间推脱环境保护责任提供了借口，⑥ 降低了环境治理的效率，加剧了"政府失灵"。中国环境科学研究院 2012 年研究表明，中央政府 53 项生态环境保护职能，环境保护部承担 40%，其他 9 个部门承担 60%。涉及环境保护部的 21 项职能，环境保护部独立承担的占 52%，与

---

① 关劲峤.环境管理中政府失灵的治理：基于共有产权住房视角［J］.哈尔滨工业大学学报（社会科学版），2015，17（4）：135-140.
② 汪劲，田秦.绿色正义：环境的法律保护［M］.广州：广州出版社，2000：205.
③ 程守艳.市场限度遭遇政府干预失当时的现实选择：由《大转型》引发的思考［J］.商业时代，2011（13）：10-11.
④ 曲延春.农村环境治理中的政府责任再论析：元治理视域［J］.中国人口·资源与环境，2021，31（2）：71-79.
⑤ 刘洋，万玉秋，缪旭波，等.关于我国跨部门环境管理协调机制的构建研究［J］.环境科学与技术，2010，33（10）：200-204.
⑥ 高小平.政府生态管理［M］.北京：中国社会科学出版社，2007：73.例如，地表水的开发利用归水利部管理，地下水归地质矿产部管理，海水归国家海洋局管理，大气归中国气象局管理，水污染归国家环保总局管理，城市和工业用水归建设部和各有关工业部管理，农林牧渔业供水归农业部和国家林业局管理。这种"九龙治水"的局面是我国条块分割环境管理体制的缩影。环境管理机构各自为政，环保部门"统一监督管理"的职能在很大程度上被分解，造成环境治理上相互推诿，很难采取一致行动实现环境保护的总体目标。

其他部门交叉的占48%，①其中比较突出的表现在水资源保护与污染防治、生物多样性保护与自然保护区管理等领域。为此，2018年3月，全国人民代表大会表决通过了国务院机构改革方案，组建生态环境部的目的之一就在于解决"职责交叉重复，叠床架屋、九龙治水、多头治理，出了事责任不清楚"的问题。②

---

① 佚名.环保体制改革顶层设计有待出台［EB/OL］.（2014-03-25）［2021-08-02］.https：//huizhou.focus.cn/zixun/3e6cd1315d4f7241.html.

② 佚名.环保部谈组建生态环境部：解决职责交叉重复等两问题［EB/OL］.（2018-03-17）［2022-04-03］.http：//finance.sina.com.cn/china/2018-03-17/doc-ifyshfuq8100730.html.

第二章 环境治理与国家审计的基本阐释

第一节 环境治理与国家审计起源

一、国家审计治理环境的产生

作为政府审计的一种类型，环境审计属于一项在环境管理系统中发挥评价与监督作用的治理工具。[①] 环境审计产生与发展的原动力在于可持续发展思想的勃兴，而公众环境责任意识的觉醒和受托环境责任关系的确定，成为审计监督进入环境保护和管理领域的直接动因。随着世界各国环保法律的构建及完善，政府逐步对企业遵守环保法律情况进行定期检查、评估并处罚环保违法行为。为降低自身环境风险，企业自发开展的内部审计成为环境审计的最初形态。此后，随着环境保护的国家化和环境投入的公益化，审计监督逐渐开始关注政府在环境保护中承担的公共责任。在世界范围内，以美国、澳大利亚为典型代表国家的审计机关逐步参与其中，开始建立起一整套技术方法体系，采用环境审计以强化政府环境治理的实施，政府环境审计制度由此发端。作为一项典型的治理工具，审计监督正式介入环境治理始于20世纪60年代，代表性事件是美国国家审计署1969年的水体污染项目审计，以及1970年根据《清洁空气法》开展的大气污染项目审计，随后美国国家审计署于1978年专门设立了环境审计机构——自然资源利用与环境保护司，内设环境资金审计处和环境绩效审计处。当然，环境审计真正进入环境治理和环境责任管理领域是在1972年6月斯德哥尔摩召开联合国人类环境会议之后。企业为了避免和减少因环境污染遭受的法律处罚，开展了最初由内部审计实施的环境审计。环境审计能够通过确定典型的审计项目、确立新的评价标准，以更好地推动可持续发展战略。

世界审计组织环境审计委员会在2004年的《可持续发展：最高审计机关扮演的角

---

① 本书中所称的环境审计，仅指国家审计或者政府审计的一种类型。书中国家审计与政府审计的概念等同，除引文外，其他不做区分。

色》中指出：（1）根据各国可持续发展的不同阶段，审计机关确定选择不同的审计重点……一个比较成功的经验就是在不同的时期根据政府的工作中心选择一到两个主题作为审计重点，然后根据主题再确定具体审计项目。（2）在审计过程中，可持续发展审计应当建立更为严格的评价标准。① 例如，战略规划审计作为可持续发展审计的一项重要内容，涉及一个国家政治、经济和社会生活的方方面面，在某些情况下，可能会事关国家发展全局的重大问题，或者中央政府对国际社会的承诺。为实现良好的监督任务，审计机关需要详尽地了解政府决策各项细节，才能评价可持续发展战略是否合乎各国实际。

其实，世界审计组织环境审计委员会早从 1992 年开始，每三年就会对全球范围内各国最高审计机关开展的环境审计情况进行调查，并据此出具环境审计调查报告。调查涉及环境审计权限、环境审计技术方法、环境审计影响、环境审计国际合作等方面，迄今已开展 10 次。② 2021 年的最新一次与 2018 年调查相比，在开展环境审计的项目数量方面，39% 的审计机关增加了环境审计数量，46% 的审计机关环境审计数量没有变化。总体来看，环境审计业务总量上升，但增幅下降；区域差异方面，太平洋审计组织和非洲审计组织环境审计数量增幅较大。

二、环境审计：治理环境的专门类型

自环境审计作为单独的审计专门学科产生之日起，国内外审计实务工作者和理论研究者对其含义发表了诸多见解，但由于各国对环境保护的关注和管理程度的不同，审计机关对环境审计的理论认知和工作实践也有较大差别。因此，目前环境审计尚无一个统一的、权威的定义。例如，国际商业学会认为，环境审计是环境管理的工具，它是对与环境有关的组织、管理和设备等业绩进行系统地、有说服力地、客观地估价，并通过环境管理和控制，采用对公司有关环境规范方面的政策鉴证等有利的手段，来达到保护环境的目的。③ 国际内部审计师协会认为，环境审计是环境管理系统的一个组成部分，借此，管理部门可确定组织的环境管理系统在确保组织的经营活动符合有关规章和内部政策的要求上是否充分。④ 韦尔登（Weldon）借助环境审计的三阶段论来定

---

① 世界审计组织环境审计工作委员会. 可持续发展：最高审计机关扮演的角色［R］.2004.
② 2021 年 4 月 9 日，世界审计组织环境审计工作组秘书处通过电子邮件向所有 189 个世界审计组织成员单位发送了调查问卷，截至 2021 年 5 月 25 日，共收回 71 份答卷，总体回复率约为 38%。参见陈希晖，席颖俊，王雨薇. WGEA 第十次全球性环境审计调查结果与启示［J］.审计观察，2022（4）：50-55.
③ 陈正兴. 环境审计［M］.北京：中国审计出版社，2001：47.
④ 何心，宇史梅. 内部审计师在环境问题中的作用（上）［J］.审计研究资料，1997（4）：4.

环境治理与国家审计

义环境审计，即阶段1：由环境职业界对不动产进行调查，以便确定和发现这些不动产上是否存在或可能存在引发危险物质的情况；阶段2：当通过阶段1的审计而发现极有可能发生污染的情况时，便开始实施环境审计，亦即对土壤和水源进行测试；阶段3：进行风险评价，或对预计的环境清理成本进行定量化。①

1995年9月，世界审计组织环境审计委员会正式将环境和可持续发展审计列为大会主要议题，认为环境审计应该关注环境、自然资源以及可持续发展，考虑到各国最高审计机关职权各不相同，对环境审计认知存在差异，根据与会意见制定有关环境审计定义的框架，主要包括：环境审计与已经开展的一般性审计不存在重大差别；环境审计可以包括财务、合规和绩效审计；绩效审计中一般包括三个"E"，即经济性、效率和效果。部分最高审计机关强调将第四个"E"（环境）加入绩效审计的内容；可持续发展概念不在环境审计定义中起独立作用。只有在可持续发展明确成为被审计项目的部分目标时，才将其作为一项评价标准。② 在美国，作为一种有效的环境治理手段，环境审计按照具体活动内容可以分为：①符合性审计（compliance audits）；②环境管理系统审计（environment management system audits）；③业务审计（transactional audits）；④治理、贮存及处理设备审计（treatment storage and disposal facility audits）；⑤防污审计（pollution prevention audits）；⑥应计环境负债审计（environmental liability audits）；⑦产品审计（product audits）。③ 随着环境保护的国家化和环境投入的公益化，审计机关逐渐参与其中，并发展成为主导力量。2001年初，世界审计组织环境审计委员会在《从环境视角进行审计活动的指南》中，进一步明确政府环境审计的定义：从广义来讲，环境审计是用来描述诸如管理审计、产品认证、政府控制措施等环境活动的便捷方式，但是这些活动与外部审计很少或没有关系，都不属于环境审计的范畴；环境审计应当重点披露环境资产和负债情况，并对国内和国际法律法规的执行情况进行检查，以及评价被审计单位是否为促进经济性、效率和效果而采取了适当的措施等。

综上所述，参照世界审计组织环境审计委员会提出的定义框架，结合环境审计上位概念——政府审计④，本书将政府环境审计界定为：审计机关为促进国家可持续发展

---

① 孙菊生，刘文国.环境审计与会计职业界的作用：加拿大和美国环境审计比较研究[J].审计研究，1998（2）：1-6.

② INTOSAI. Cairo Declaration of 15th Congress of INTOSAI [R].1995.

③ DITTENHOFER, MORT. Environmental accounting and auditing [J]. Managerial Auditing Journal, 1995, 10（8）：40-51.

④ 政府审计，是指审计机关根据国家法规规定及相关授权，对各级政府及其组成部门、金融机构、国有企业、国家控股企业和事业单位的财政财务收支以及所反映的经济活动的真实性、规范性、合理性和效益性独立进行监督的活动。参见郑石桥.政府审计学[M].北京：高等教育出版社，2021：1.

战略的实施，依法对政府及其部门、企业事业单位及其他属于审计范围的法人、组织的环境管理行为以及有关经济活动的真实、合法和效益性所进行的监督、评价和鉴证等行为。它既包括政府专项环境审计，也包括对领导干部资源环境责任审计等。环境审计主要是由授权的审计机关对各级政府环境责任履行情况进行鉴证，环境审计工作的组织、结果认证、报告发布、结果反馈和督办等均须审计机关主导，以确保审计过程的合法性、科学性和审计结果的客观性、权威性。可以说，审计机关作为综合性的监督部门，以其超脱地位和特有的功能实施环境审计，对环境治理的促进和保障作用是其他机构无法替代的。当然，审计机关基于环境审计特有的监督、评价与反馈职能，通过对环境政策的全面评价和公共部门环境管理运行效率的判断，以及环境项目和环境资源的绩效性审查，从而促进公众环境价值的实现与增值。[①]

第二节 环境治理与国家审计发展

一、环境治理的国家审计沿革

与其他国家不同的是，国外环境审计源起于企业为规避环境法律风险而自发实施的内部审计，后来逐渐演变为政府主导的环境审计，[②] 而在我国，环境审计自产生伊始，就带有自上而下的政府强制主导特征。[③] 中华人民共和国成立初期，我国尚未设立独立的审计机关，由财政部门主导的监督检查在一定程度上代行了审计机关的监督职能。直至1982年修改《宪法》，正式明确了我国设立审计机关、实行审计监督制度。1983年以后，县级以上各级政府相继设立审计机关，政府审计制度逐步在全国范围内得以推行。与此同时，作为环境保护基本法的《中华人民共和国环境保护法（试行）》于1979年颁布，1983年国务院召开全国第二次环境保护会议，正式确立了保护环境的基本国策。自此，各级审计机关积极响应世界审计组织"鼓励各成员国的最高审计机关，通过审计工作对本国的环境保护政策施加影响"的倡导，认真贯彻落实我国保护环境

---

① 杨肃昌，马亚红，芦海燕. 公共价值视角下的环境审计作用机制与实现路径研究 [J]. 兰州大学学报（社会科学版），2019（6）：119-126.

② 张薇. 我国环境审计制度变迁：解读与展望 [J]. 财会月刊，2018（9）：141-145.

③ 当然，也有学者认为，会计师事务所等社会审计组织所代表的独立审计，相对政府审计和内部审计，其独立性最强，发表的环境审计报告的可信度最高。参见黄道国，邵云帆. 多元环境审计工作格局构建研究 [J]. 审计研究，2011（3）：31-35.

的基本国策,将环境审计作为促进环境保护的重要手段。

(一)初步探索阶段(1983—1997年)

审计署及地方各级审计机关于1983年陆续成立,在随后实施的审计项目中逐步关注资源环境事项。1984年,审计署审计了全国7个林业省份育林基金的使用情况,发现在征、管、用资金等领域存在不同程度的问题,累计查出违纪违规资金6000万元;1985年,审计署与财政部、原国家环保局联合开展对太原市、兰州市、长沙市、桂林市等城市环境保护补助资金的审计;1993年,审计署组织对哈尔滨市等13个城市的排污费征缴和使用情况进行审计。① 从理论上讲,前述审计并非真正意义上的环境审计,仅仅是在传统的财务收支和预算执行审计项目中涉及环保资金和税费事项。因此,此时期的环境审计仅停留在环保资金以及税费的征、管、使用的合规性上,主要依附于其他审计项目,并未体现出其应有的特点。换句话说,在经济监督的基本定位之下,将环境保护资金和相关项目,嵌入财政财务收支和预算执行审计等业务。②

当然,为了探讨我国环境审计的基本框架,审计署于1994年在《中国21世纪议程优先项目计划》中提出4个环境审计示范工程——以三峡库区为样本的水利工程项目环境审计示范、以滇池为样本的环境污染控制领域环境审计示范、以烟台经济开发区为样本的经济开发区项目环境审计示范与以西双版纳和神农架自然保护区为样本的生物多样性保护项目审计示范。③ 审计署期望通过典型的环境审计示范案例,摸索环境审计体系的基本模式,探讨环境审计中进行财务审计、合规审计和绩效审计的内容和方式,初步确立绩效审计的评价标准和指标,定义环境审计的风险和类别,设计环境审计报告的标准格式等框架内容。④

(二)持续发展阶段(1998—2007年)

1998年,审计署成立了农业与资源环保审计司,明确了环境审计职能,正式引入环境审计概念,环境审计的地位和重要性大大提升,标志着我国环境审计制度的正式起步。⑤ 随后,审计署在18个驻地方特派员办事处以及31个省级审计机关陆续成立了从事资源环境审计的内设机构,环境审计工作具备了组织上的机构保证。为了有效发

---

① 宋传联.和谐社会视阈下中国环境审计制度研究[D].长春:东北师范大学,2015.
② 郭鹏飞.中国资源环境审计的发展历程、理论表征与实践深化[J].重庆社会科学,2021(3):6-19.
③ 刘力云.浅论环境审计[J].审计研究,1997(2):4-13.
④ 来明敏.可持续发展与环境审计综述[J].当代社科视野,1998(5):28-30.
⑤ 徐薇.我国政府环境审计的立法构想[J].思想战线,2015(4):146-149.

挥环境审计的整体作用，审计署于2003年7月成立环境审计协调领导小组，办公室设在审计署农业与资源环保审计司，以统筹协调相关司局联合开展环境审计。[①] 协调领导小组于2005年2月印发了《关于2005至2007年环境审计工作的意见》，将推动环境审计发展成为一项综合性工作。

在这一阶段，审计署先后于1998年实施了生态林业建设资金专项审计、排污费使用专项审计，2001年天然林资源保护工程项目专项审计，2002年退耕还林资金专项审计、三峡库区水污染防治资金专项审计，2004年"三河一湖"（淮河、海河、辽河和太湖）水污染防治资金专项审计，2005—2007年开展的与环境有关的审计项目如表2-1所示。其中，青藏铁路环境保护资金审计是首次公告审计结果的环境专项审计项目。以上环境审计项目的开展，不断拓展环境审计的新领域，持续探索具有中国特色的环境审计模式。

表2-1 2005—2007年审计署环境审计公告

年份	公告号	环境审计公告名称
2005年	第2号	四城市高教园区开发建设情况审计调查结果
2006年	第2号	青藏铁路环境保护资金使用情况审计调查结果
2007年	第2号	34个高等级公路项目建设管理及投资效益情况的审计结果
	第3号	天然林资源保护工程资金审计结果
	第4号	三峡水利枢纽工程审计结果

资料来源：审计署.审计署公告及解读[EB/OL].[2022-01-12].https://www.audit.gov.cn/n5/n25/index.html.

（三）全面实施阶段（2008年至今）

2008年7月，审计署印发的《审计署2008至2012年审计工作发展规划》（审办发〔2008〕72号），明确将资源环境审计、财政审计、金融审计、企业审计、经济责任审计和涉外审计并列为六大业务类型，标志着我国资源环境审计进入全面实施阶段。2009年9月，审计署出台《审计署关于加强资源环境审计工作的意见》（审农发〔2009〕147号），强调资源环境审计的重要性并明确了指导思想、主要任务和发展目标，要求不断开创新资源环境审计方式与方法，着力构建资源环境审计整体工作格局。

---

① 例如，除了农业与资源环保审计司外，原经贸审计司、经济责任审计司、固定资产投资审计司、外资运用审计司等也在相应审计中分别关注污染较大的企业和行业环保投入、领导干部履行环境保护责任、重大环境保护建设项目和重大建设项目环境保护投入、环境保护使用外资等方面的内容。

环境治理与国家审计

2011 年 7 月，审计署出台《审计署"十二五"审计工作发展规划》（审办发〔2011〕112 号），提出审计机关"以促进贯彻落实节约资源和保护环境的基本国策为目标，检查国家资源环境政策法规贯彻落实、资金分配管理使用和资源环保工程项目的建设运营情况，维护资源环境安全，发挥审计在资源管理与环境保护中的积极作用，推动生态文明建设"。

尤其是党的十八大以来，环境审计更是突飞猛进地发展。在生态文明建设压力叠加、负重前行的关键时期，推进生态文明建设离不开强有力的环境审计监督与评价。环境审计与生态文明建设之间存在必然的内在联系，服务生态文明建设是环境审计发展的应然趋势和实然选择，是检查和评价生态文明建设公共权力运行、公共政策执行和公共资源配置的必然需求。①2013 年 11 月，党的十八届三中全会提出"对领导干部实行自然资源资产离任审计"，资源环境审计的发展迎来新契机新平台。2014 年 10 月，《国务院关于加强审计工作的意见》（国发〔2014〕48 号）明确提出，加强资源环境审计，促进生态文明建设。自 2015 年起，领导干部自然资源资产离任审计试点开始，中共中央办公厅、国务院办公厅于 2017 年 11 月印发《领导干部自然资源资产离任审计规定（试行）》（厅字〔2017〕139 号），明确领导干部自然资源资产离任审计工作的具体规定，要求结合审计结果、客观评价被审计领导干部履行自然资源资产管理和生态环境保护责任的情况。

除出台政策依据外，自 2008 年以来，审计署开展了一系列环境审计项目，如表 2-2 所示。

表 2-2　2008 年以来审计署环境审计公告

年份	公告号	环境审计公告名称
2008 年	第 4 号	国有土地使用权出让金审计调查结果
2009 年	第 5 号	渤海水污染防治审计调查结果
	第 6 号	41 户中央企业节能减排情况审计调查结果
	第 7 号	554 座病险水库除险加固工程审计调查结果
	第 13 号	"三河三湖"水污染防治绩效审计调查结果

---

① 王爱国，张志. 环境审计服务生态文明建设的理论探讨［J］. 审计研究，2019（2）：43-47.

续表

年份	公告号	环境审计公告名称
2010年	第3号	西气东输二线工程西段跟踪审计结果
	第4号	金沙江向家坝水电站工程跟踪审计结果
	第5号	103个县农村饮水安全工作审计调查结果
	第6号	40个市地州56个县区市土地专项资金征收使用管理及土地征收出让情况审计调查结果
2011年	第9号	京沪高速铁路建设项目2010年跟踪审计结果
	第11号	20个省有关企业节能减排情况审计调查结果
	第36号	黄河流域水污染防治与水资源保护专项资金审计调查结果
	第37号	9个省市2010年度城镇污水垃圾处理专项资金审计结果
	第38号	20个省有关企业节能减排审计调查整改结果
2012年	第7号	24个市县2009—2010年土地管理及土地资金审计结果
	第29号	关于环保领域34个利用国外贷款项目绩效情况的审计结果
2013年	第16号	10个省1139个节能减排项目审计结果
	第25号	5044个能源节约利用、可再生能源和资源综合利用项目审计结果
2014年	—	
2015年	第3号	审计署关于2448宗矿业权的审计结果
2016年	第10号	审计署关于883个水污染防治项目审计结果
	第11号	审计署关于农林水专项资金审计结果
2017年	第8号	涉农水利专项资金审计结果
	第9号	18个省节能环保重点专项资金审计结果
2018年	第3号	长江经济带生态环境保护审计结果
2019年	第9号	环渤海地区生态环境保护审计结果
2020年	—	

资料来源：审计署.审计署公告及解读［EB/OL］.［2022-01-12］.https://www.audit.gov.cn/n5/n25/index.html.以上列举的是环境资源专项审计项目，而环境资源审计内容纳入其他类型审计未在本统计表格中，例如2019年第6号公告"乡村振兴相关政策和资金审计结果"就包含了关于农村人居环境整治方面审计内容。

二、环境治理与国家审计的现状梳理

伴随全面深化改革与全面依法治国的持续推进，生态文明建设体制机制的深入健全，环境治理获得了更多的政策和技术支持。一方面，生态环境保护责任制度建立与完善，划分中央和地方环境治理的事权和支出责任，落实生态环境保护"党政同责""一岗双责"；另一方面，通过编制自然资源资产负债表、领导干部自然资源资产离任审计、生态环境损害责任追究等落实地方环境保护责任，并推进环境审计、环境损害赔偿、环境服务业和政府购买服务改革试点。可见，无论是落实政府环境保护责任，还是推进环境审计，目的均在于推进生态环境保护，实现环境治理体系和治理能力现代化，进而促使可持续发展政策的全面落实。

在我国，环境审计仍属于审计监督的一种新兴类型，自20世纪80年代逐步开始在常规财务审计中引入环境保护内容，环境审计工作日益广泛、深入，也取得了相当显著的成效。2009年9月，《审计署关于加强资源环境审计工作的意见》明确规定："各级审计机关在开展财政、投资、金融、企业、外资、经济责任等项目审计时，应当将资源环境内容纳入审计方案并组织实施。"例如，截至2017年4月底，成都市仍有黄标车1.88万台，未完成2016年底淘汰黄标车的目标；此外，成都市在工地扬尘监测、燃煤锅炉淘汰和管理联动机制建设、污染大气防治的资金投入方面仍有不足，2014—2016年三年均未完成该市此前制订的投入计划，且逐年减少。[①] 审计机关开展的环境审计主要包括资源开发、利用和保护及相关资金征管情况等方面的内容，例如，土地资源审计、矿产资源审计、能源节约利用审计、水资源保护审计、森林资源保护审计等的资源审计，还包括污染防治、监督、保护和改善环境及相关资金征管情况等方面的环境审计，例如，水污染防治审计、大气污染防治审计、固体废弃物污染防治审计、重金属污染防治审计、污染物减排审计等。具体来看，环境审计主要包括：（1）环境保护政策执行情况，包括国家资源环保政策、法规、规划、措施等是否完善，政策目标是否实现，政策执行效果等；（2）政府环保责任履行情况，包括各级政府、相关部门和单位是否履行法律规定的资源环保服务、管理、监督责任，以及实施各项管理措施的情况及其成效，资源环保责任目标是否实现等；（3）资金征收管理使用情况，包括政府财政资金和资源环境专项资金、基金等，主要评价对资金的真实性、合规性和效益性；（4）项目建设运行情况，包括重大环境保护项目建设管理情况和项目运营效果情况，非资源环境保护项目对资源环境造成的影响等。

---

① 杨珺.四川省审计厅首次披露环境治理审计结果：部分目标任务尚未达成［EB/OL］.（2017-07-25）［2020-12-05］.http://www.chinanews.com/gn/2017/07-25/8287323.shtml.

此外，伴随着经济、政治体制的持续改革，领导干部经济责任审计作为一项具有中国特色的审计监督类型，是现代审计制度结合中国国情的一种创新。领导干部经济责任审计作为一个专业领域，也逐步覆盖环境保护方面的内容。2009年9月，《审计署关于加强资源环境审计工作的意见》明确"经济责任审计要关注领导人履行资源管理和生态环境保护职责、尤其是完成节能减排目标、耕地特别是基本农田保护责任目标的情况，揭露其由于决策失误、履责不当和管理不力造成的资源环境问题"。2010年10月，中共中央办公厅、国务院办公厅印发《党政主要领导干部和国有企业领导人员经济责任审计规定》（中办发〔2010〕32号，已废止）强调，在具体组织实施经济责任审计时，特别关注领导干部的重大管理决策活动所产生的经济效益、社会效益以及生态环境效益情况。2013年11月，党的十八届三中全会通过的《中共中央关于全面深化改革若干重大问题的决定》指出，"探索编制自然资源资产负债表，对领导干部实行自然资源资产离任审计。建立生态环境损害责任终身追究制"。2014年7月，中央纪委机关、中央组织部等联合印发的《党政主要领导干部和国有企业领导人员经济责任审计规定实施细则》（审经责发〔2014〕102号）明确规定，地方各级党委主要领导干部、地方各级政府主要领导干部经济责任审计的主要内容包括自然资源资产的开发利用和保护、生态环境保护以及民生改善等情况。

2017年11月，中共中央办公厅、国务院办公厅印发《领导干部自然资源资产离任审计规定（试行）》旨在"加快推进生态文明建设，践行绿色发展理念，促进自然资源资产节约集约利用和生态环境安全，推动领导干部切实履行自然资源资产管理和生态环境保护责任"，并规定"领导干部自然资源资产离任审计，是指审计机关依法依规对主要领导干部任职期间履行自然资源资产管理和生态环境保护责任情况进行的审计"。2019年7月，中共中央办公厅、国务院办公厅废止《党政主要领导干部和国有企业领导人员经济责任审计规定》，并印发《党政主要领导干部和国有企事业单位主要领导人员经济责任审计规定》，其中第3条明确"本规定所称经济责任，是指领导干部在任职期间，对其管辖范围内贯彻执行党和国家经济方针政策、决策部署，推动经济和社会事业发展，管理公共资金、国有资产、国有资源，防控重大经济风险等有关经济活动应当履行的职责"，细化了地方各级党委和政府主要领导干部经济责任审计的内容——财政财务管理和经济风险防范情况，民生保障和改善情况，生态文明建设项目、资金等管理使用和效益情况，以及在预算管理中执行机构编制管理规定情况。可以说，一方面，此举拓展了领导干部经济责任审计的内容，使审计工作在促进生态文明建设中有了更为具体的措施；另一方面，自然资源资产离任审计，能够促进领导干部对环境保护尽职尽责，使环境资源的开发、利用更加注重经济发展、社会建设与环境保护的三者效益相互统一。

随着环境审计领域的不断拓展和环境审计在环境保护工作中的不断深入,我国越来越重视环境审计的发展和运用。[①] 总体来说,环境审计监督政府是否在法律法规和战略、政策规定的范围内履行环境职责;检查政府履行自身环境治理责任的情况,以揭露违法违纪,查明错误和弊端,判断环境治理缺陷,进而追究法律责任。结合我国已经开展的环境审计实践,归纳与政府环保责任相关的特征:第一,对政府履行环保责任情况进行鉴证和评价。鉴证是检查和验证政府环保履责行为相关活动的资料,以确定这些资料的真实性、公允性、合法性,进而回溯政府履行职责的情况并出具证明性报告。评价是依据相应的标准对政府履行环境治理职责的情况进行分析和判断,肯定成绩,揭露问题,从而促进其完善环境治理行为,寻求提高效率和效益的途径。第二,审查政府履行环保责任的真实性、合法性和效益性。真实性,是指政府环保履责活动是否真实发生,资料记载是否实际存在,是否能够真实、完整、公允地反映环保履责的实际情况。合法性,是指政府实施的环境治理行为是否符合有关法律法规和战略、政策的规定和要求。效益性,是指政府履行环境治理责任的经济性、效率性和效果性是否满足要求。

有学者统计了2016—2020年审计署资源环境审计结果公告及相关新闻,除了较为传统的对资金和项目的审计,2018年起增加了对开发区、保护区等重点区域的审计,更加注重区域保护,对生物多样性问题有所关注。此外,"环评""环境影响""在线监控"等关键词的出现说明审计更加重视各类项目和产业在建设和运营过程中对环境的影响,更有利于发挥审计的"预防"功能。[②] 总体来说,我国环境审计开展比例偏低、范围较窄,并以审计机关为主,会计师事务所协同程度不高,意愿不强烈。[③]

第三节 环境治理与国家审计制度体系

一、法律法规层面

目前,我国建立了以《宪法》为基本依据,以《中华人民共和国审计法》(以下简

[①] 唐洋,陈依.环境审计在长江经济带水污染治理中的作用机制及实施路径研究[J].湖南财政经济学院学报,2018,34(1):102-108.

[②] 李曼,龙佳楠.政府资源环境审计:实践现状与优化建议——基于审计署2016—2020年审计结果公告[J].审计月刊,2021(8):4-7.

[③] 游春晖.环境审计制度创新研究[M].广州:暨南大学出版社,2019:142.

称《审计法》）为核心内容，包括行政法规、地方法规、规章及规范性文件的多层次审计法律制度体系。[①]因此，环境审计也以此为主要运行依据。

1982年《宪法》首次明确了审计机关设立、职责、监督范围、管理体制等内容。[②]1982年《宪法》第91条规定："国务院设立审计机关，对国务院各部门和地方各级政府的财政收支，对国家的财政金融机构和企业事业组织的财务收支，进行审计监督。审计机关在国务院总理领导下，依照法律规定独立行使审计监督权，不受其他行政机关、社会团体和个人的干涉。"第109条规定："县级以上的地方各级人民政府设立审计机关。地方各级审计机关依照法律规定独立行使审计监督权，对本级人民政府和上一级审计机关负责。"政府审计在宪法层面上获得了运行依据，成为宪法监督的一种类型，应当具备最高的监督效力和最权威的监督效果。

《审计法》落实《宪法》的相关规定，于1994年正式由全国人民代表大会常务委员会通过，并于2006年2月、2021年10月进行了修改。2021年修正的《审计法》在审计监督范围方面进行了扩展，但主要针对"财政收支或者财务收支"实施审计监督，并在第58条明确"领导干部经济责任审计和自然资源资产离任审计，依照本法和国家有关规定执行"。可见，环境审计并未直接纳入审计机关的职责范围，而是将领导干部自然资源资产离任审计纳入监督范畴。《审计法》在第27条明确："除本法规定的审计事项外，审计机关对其他法律、行政法规规定应当由审计机关进行审计的事项，依照本法和有关法律、行政法规的规定进行审计监督。"《审计法》将更大范围的审计职责授予了有关法律和行政法规。

---

① 在1994年《审计法》颁布实施之前，1988年10月21日国务院第二十二次常务会议通过了《中华人民共和国审计条例》，旨在"加强对财政、财务收支以及经济活动的审计监督，严肃财经法纪，提高经济效益，加强宏观控制和管理，保障社会主义现代化建设的顺利进行"。此外，根据《中华人民共和国审计条例》，审计署于1989年6月21日颁布了《中华人民共和国审计条例施行细则》。

② 1982年，胡乔木同志参与修改宪法，在参考其他国家宪法的过程中发现，国外都有审计机关，而且地位很重要，有的直属总统，有的直属国会。审计长任期很长，相当于大法官，任何人都不能干预。胡乔木跟几位领导同志商量，是不是在宪法中规定设立审计机关，这一建议得到财政部的支持。1982年1月12日，胡乔木给财政部部长王丙乾写了一封信，指出："在调整国家机构期间，我同依林〔姚依林〕同志商量，拟在国务院下设审计机构……这一机构和它的职权不拟列入宪法。"1982年2月至3月，胡乔木曾两次就《宪法修改草案（讨论稿）》向宪法修改委员会作出说明，介绍设立审计机关的必要性、审计机关的基本职责和审计独立性。财政部在1982年3月2日对《宪法修改草案（讨论稿）》提出修改意见，建议将审计机关的任务改为"国务院设立审计机关，对各级政府及其所属财政、金融、企业、事业单位的财政财务收支活动进行审计监督"。同年4月28日，载有实行审计监督制度和设立审计机关内容的宪法修改草案公布，向全国征求意见。宪法修改草案公布后，一些地方和部门提出审计机关最好隶属于人大常委会。彭真认为，审计机关应主要审计预决算和违法乱纪情况，只能放在国务院。参见王晓灵.《宪法》确立审计监督制度[J].理财，2020（7）：16.

环境治理与国家审计

《中华人民共和国审计法实施条例》(以下简称《审计法实施条例》)属于行政法规,是上位法的补充,处于整个法律体系的第二层级,该条例第5条规定:"审计机关依照审计法和本条例以及其他有关法律、法规规定的职责、权限和程序进行审计监督。审计机关依照有关财政收支、财务收支的法律、法规,以及国家有关政策、标准、项目目标等方面的规定进行审计评价,对被审计单位违反国家规定的财政收支、财务收支行为,在法定职权范围内作出处理、处罚的决定。"该条例第7条规定:"审计署在国务院总理领导下,主管全国的审计工作,履行审计法和国务院规定的职责。地方各级审计机关在本级人民政府行政首长和上一级审计机关的领导下,负责本行政区域的审计工作,履行法律、法规和本级人民政府规定的职责。"《审计法实施条例》也并未直接明确环境审计,只是进一步规定了准用性规范依据——国务院规定、地方法规和政府规定,明确审计署及地方审计机关的职责。至此,环境审计经过行政法规的二次授权,获得了运行的法律依据。

在地方层面,各地纷纷针对自身环境资源的现实情况制定法规文件,并展开实践探索。目前,全国有12个区域颁布了省级地方性法规,如表2-3所示,其中2017年11月施行的《浙江省审计条例》针对环境审计进行了最全面的要求,该条例第9条第1款规定"审计机关依法对下列事项进行审计:……(四)土地、矿藏、水流、森林、山岭、草原、荒地、滩涂、海域和特许经营权、特许排污权等国有资源资产管理使用情况以及大气、水、土壤、固体废物等污染治理和环境保护情况……"进一步在第13条规定"审计机关对本条例第九条第四项所列事项的审计,重点审查下列内容:(一)资源环境保护法律、法规、政策、规划和计划的执行情况及其效果;(二)资源环境保护相关资金的征收、分配、使用、管理情况;(三)资源环境保护项目的建设情况和运营效果;(四)土地、矿藏、水流、森林、滩涂、海域等国有自然资源资产的开发利用管理和保护治理情况;(五)特许经营权、特许排污权等国有无形资源资产的管理使用情况;(六)自然资源资产负债情况"。从表2-3可以看出,各地关于环境审计的内容、范围的规定并不一致,有些是单独规定的环境资源审计,有些是放在绩效审计、经济责任审计等类型之中,甚至包括同一省内的立法规定均不同。例如,《山东省审计监督条例》在第18条中明确"审计机关可以对国家重大经济政策措施的执行情况、政府投资和以政府投资为主的重点建设项目、重要资源开发与环境保护事项、重大突发性公共事项、社会关注度高的专项资金等,进行跟踪审计"。而《青岛市审计监督条例》则分别在第18条、第25条、第27条中规定对建设项目、经济责任、资金绩效等涉及环境资源情况的,实施审计监督。

第二章 环境治理与国家审计的基本阐释

表 2-3 部分地区环境审计法规规章内容

名称	发布时间	主要内容
《北京市审计条例》	2017年9月	第4条 "市和区人民政府应当加强绩效审计制度建设。审计机关应当对本级预算执行和被审计单位的财政收支、财务收支及相关经济活动的经济效益、社会效益和环境效益进行绩效审计。绩效审计应当重点审计政府部门履行职责中财政资金使用的效益。"
《江苏省审计条例》	2020年11月	第24条 "审计机关应当对资源的开发利用和保护、污染防治、生态保护及其他资源环境事项的财政收支、财务收支，依法进行审计监督。" 第25条 "审计机关对资源环境事项财政收支、财务收支的审计，应当包括下列内容：（一）资源环境事项相关资金的征收、分配、使用和管理情况；（二）资源环境相关政策执行情况；（三）资源环境项目建设及绩效情况；（四）法律、法规规定的其他内容。"
《深圳经济特区审计监督条例》	2019年4月	第4条 "审计机关应当开展对自然资源的开发利用和保护、污染防治、生态保护以及其他环境资源事项的财政收支、财务收支审计监督。"
《湖南省审计监督条例》	2023年5月	第11条 "审计机关应当逐步开展对本级各部门的财政、财务收支的绩效审计。审计机关进行绩效审计应当根据效率、效益、环境和成本，进行定性和定量的比较分析，并作出审计判断。" 第18条第1款 "审计机关对下列专项资金的财务收支进行审计监督：……（八）环境保护、农业、教育、科学研究、文化、卫生、计划生育、体育等财政性专项资金……"
《汕头经济特区审计监督条例》	2018年8月	第35条 "审计机关对依照法律法规规定应当接受审计的单位进行环境审计，审查被审计单位在遵守环境保护政策法律法规和履行环境管理责任方面财政收支、财务收支的真实、合法和效益，评价经济活动对环境的影响。"
《江西省审计条例》	2018年5月	第28条 "审计机关应当对被审计单位有关资源开发利用和保护、污染防治、生态保护、节能减排及其他资源环境事项的财政收支、财务收支情况，依法进行审计监督，包括下列内容：（一）资源环保资金的征收、分配、使用和管理情况；（二）资源环保项目的建设和绩效情况；（三）法律、法规和规章规定的其他情况。"

续表

名称	发布时间	主要内容
《浙江省审计条例》	2017年11月	第9条第1款 "审计机关依法对下列事项进行审计：……（四）土地、矿藏、水流、森林、山岭、草原、荒地、滩涂、海域和特许经营权、特许排污权等国有资源资产管理使用情况以及大气、水、土壤、固体废物等污染治理和环境保护情况……" 第13条 "审计机关对本条例第九条第四项所列事项的审计，重点审查下列内容：（一）资源环境保护法律、法规、政策、规划和计划的执行情况及其效果；（二）资源环境保护相关资金的征收、分配、使用、管理情况；（三）资源环境保护项目的建设情况和运营效果；（四）土地、矿藏、水流、森林、滩涂、海域等国有自然资源资产的开发利用管理和保护治理情况；（五）特许经营权、特许排污权等国有无形资源资产的管理使用情况；（六）自然资源资产负债情况。"
《上海市审计条例》	2017年11月	第15条 "审计机关对本条例第十条所列事项中涉及资源保护与开发利用、污染防治、生态系统保护和生态治理工程、节能减排资金的，可以专门开展资源环境审计，重点审查下列内容：（一）资源环境保护事项相关资金的征收、分配、使用和管理情况；（二）资源环境保护政策法规贯彻执行情况；（三）资源环境保护项目的建设及运营效果。"
《海南省审计监督条例》	2017年9月	第48条 "审计机关对自然、旅游资源开发利用以及国有土地使用权、海域使用权、采矿权的出让等经济活动，进行审计监督。" 第49条 "审计机关对环境保护、生态建设和污染防治等经济活动，进行审计监督。" 第50条 "审计机关对与本条例第四十八条、第四十九条经济活动相关的资源环境管理法律、法规和政策措施、战略规划执行情况，进行审计监督。"
《山东省审计监督条例》	2017年9月	第16条第1款 "审计机关应当加强绩效审计，对财政资金、国有资产等公共资源配置、管理、使用的经济性、效率性和效果性进行评价。" 第18条 "审计机关可以对国家重大经济政策措施的执行情况、政府投资和以政府投资为主的重点建设项目、重要资源开发与环境保护事项、重大突发性公共事项、社会关注度高的专项资金等，进行跟踪审计。"

续表

名称	发布时间	主要内容
《青岛市审计监督条例》	2017年9月	第18条 "审计机关对建设项目进行审计监督的主要内容包括：……（十一）土地利用和征收补偿、环境保护等有关政策措施的执行情况……" 第25条 "审计机关进行经济责任审计的主要内容包括：……（七）自然资源资产开发利用和保护、污染防治、生态环境保护等情况……" 第27条 "审计机关对审计管辖范围内财政资金、政府性基金、国有资产、社会保险基金等的管理、使用的经济性、效率性和效果性，依法进行审计监督。对下列资金的绩效情况应当进行重点审计：……（八）自然资源资产开发利用和保护、污染防治、生态保护等环境保护资金……"
《安徽省审计监督条例》	2017年7月	第24条第1款 "审计机关对下列社会公益性资金和其他专项资金的财务收支进行审计监督：……（八）农业、环境保护、教育、科学技术、文化、卫生、计划生育、体育等财政专项资金……"

二、政策文件层面

关于审计机关实施环境审计的政策，主要规定在《审计署主要职责内设机构和人员编制规定》（国办发〔2008〕84号）[①]、《国务院关于加强审计工作的意见》（国发〔2014〕48号）、《稳增长促改革调结构惠民生政策措施落实情况跟踪审计工作方案》（国办发明电〔2014〕16号）、《关于完善审计制度若干重大问题的框架意见》（中办发〔2015〕58号）等文件中。

2008年7月，审计署发布《审计署2008至2012年审计工作发展规划》，首次将资源环境审计作为一个重要的审计类型予以确立，不仅明确要"关注国家财政安全、金融安全、国有资产安全、民生安全、资源与生态环境安全、信息安全，揭示存在的

---

① 1998年6月，国务院办公厅印发《审计署职能配置、内设机构和人员编制规定》（国办发〔1998〕40号），该规定明确审计署设立农业与资源环保审计司，负责审计国务院有关部门及其在京下属单位的财务收支；负责审计由国务院主管部门管理和受国务院委托由社会团体管理的农林水利、资源环保资金的筹集、管理、使用情况；负责审计省级人民政府管理的农林水利、资源环保资金的筹集、管理、使用情况；开展专项审计和审计调查；指导地方农业与资源环保审计业务。2008年7月，国务院办公厅印发《审计署主要职责内设机构和人员编制规定》（国办发〔2008〕84号）再次提出"加强对经济责任、关系国计民生的资源能源、环境保护和社会保障资金、境外中央国有资产、财政资金使用效益的审计职责"。环境审计机构的设立和职责的强化，为各级审计机关开展环境审计工作提供了组织保障。

环境治理与国家审计

风险，提出防范和化解风险的对策性建议，切实维护国家安全"，而且要求"以落实节约资源和保护环境基本国策为目标，维护资源环境安全，发挥审计在促进节能减排措施落实以及在资源管理与环境保护中的积极作用"[①]。

2009年9月，审计署颁布了《审计署关于加强资源环境审计工作的意见》，明确资源环境审计工作的指导思想、主要任务、发展目标以及具体措施等内容，充分发挥审计在促进资源开发利用管理和生态环境保护中的"免疫系统"功能。资源环境审计的主要任务在于：一是检查资源环保政策法规的贯彻执行和战略规划的实施情况，分析政府履责绩效，促进落实和完善相关政策制度，规范资源开发利用管理和环境保护工作行为；二是检查资源环保资金的征收、分配、使用和管理情况，揭露存在的偷漏拖欠、挤占挪用、损失浪费等问题，分析评价资源环保资金使用绩效，促进规范资金管理，提高资金使用效益；三是检查资源环境相关项目的建设和运营效果，揭示和查处资源开发利用管理和环境保护工作中的浪费资源、破坏环境、资产流失等问题，促进加强资源环境管理，维护国家资源环境安全。

另外，审计署先后于2015年5月、2016年5月分别在《国家重大政策措施和宏观调控部署落实情况跟踪审计实施意见（试行）》《审计署关于适应新常态践行新理念更好地履行审计监督职责的意见》（审政研发〔2016〕20号）中提出"加强生态环境保护政策措施落实情况审计""在各项审计中都要关注资源节约集约循环利用和环境保护政策落实情况"。在此之前，2014年《环境保护法》修订之后，国务院办公厅于2014年11月发布《国务院办公厅关于加强环境监管执法的通知》（国办发〔2014〕56

[①]《审计署2008至2012年审计工作发展规划》规定："十、资源环境审计。以落实节约资源和保护环境基本国策为目标，维护资源环境安全，发挥审计在促进节能减排措施落实以及在资源管理与环境保护中的积极作用。——对土地、矿产、森林、海洋等重要资源保护与开发利用情况的审计，重点揭露和查处破坏浪费资源、国有资源收益流失、危害资源安全等重大问题，从体制、机制和制度上分析原因，提出建议，促进资源保护和合理开发利用。——对水、大气、固体废弃物、生态保护等方面的审计，重点关注环保资金投入、管理、使用情况和环保政策落实、环保目标实现情况，揭露和查处破坏生态、污染环境、影响人民群众身体健康的重大环境问题，提出提高资金使用效益和完善环保政策措施的建议。——对土地出让金和土地开发整理资金的征收、管理和使用情况的审计，总体掌握和评价地方政府执行国家有关政策法规、实施土地开发整理的情况，关注、查处违法违规问题，提出进一步建立健全有关制度和政策措施的建议，促进国家土地有偿使用制度和耕地保护政策的贯彻落实。——对企业执行国家节能减排相关政策及采取具体措施情况进行专项审计调查，重点了解企业节能减排工作所取得的成效，关注各项措施的落实情况，查找存在的主要问题并分析原因，提出完善节能减排的政策意见及建议，促进企业进一步增强节能减排意识，自觉履行社会责任。——着力构建符合我国国情的资源环境审计模式，2012年初步建立起资源环境审计评价体系。——认真履行亚洲审计组织环境审计委员会主席国职责，积极开展环境审计国际交流，借鉴国际做法和经验，强化对资源环境审计经验和案例的总结提炼，推动资源环境审计实用技术方法的研究和推广运用，促进资源环境审计工作质量和水平不断提高。"

号），要求审计机关对地方各级主要领导干部执行环保法律法规和政策、落实环境保护目标责任制等情况进行审计。随后，原环境保护部于 2015 年 3 月颁布《关于开展政府环境审计试点工作的通知》（环办函〔2015〕240 号），决定在甘肃省兰州市开展环境审计试点。[①] 2021 年 6 月，中央审计委员会办公室、审计署印发《"十四五"国家审计工作发展规划》，明确"以加快推动绿色低碳发展，改善生态环境质量，提高资源利用效率，助力美丽中国建设为目标，全面深化领导干部自然资源资产离任审计，加强对生态文明建设领域资金、项目和相关政策落实情况的审计。——领导干部自然资源资产离任审计。围绕中央关于加强领导干部自然资源资产离任审计的决策部署，重点关注自然资源资产管理、国土空间规划、碳达峰碳中和、污染防治攻坚战等重大任务落实情况，加快建立健全审计评价标准和指标体系，促进领导干部落实生态文明建设责任制。——资源环境专项资金审计。围绕节能减排、污染防治、生态保护修复、资源开发利用等财政专项资金投入、分配、管理和使用情况，重点关注生态环境保护修复重大工程、环境基础设施、资源循环利用等重点项目的实施效果，保障资金安全，促进政策目标实现。——生态文明建设政策落实情况审计。围绕国家'十四五'规划纲要中生态文明建设目标任务，重点关注碳排放碳达峰行动推进、绿色发展政策体系构建、'绿色生态'约束性指标完成、生态保护补偿机制建设、生态安全和环境风险防控等情况，促进经济社会发展全面绿色转型"。

此外，专门针对领导干部履行自然资源资产保护职责，中共中央办公厅、国务院办公厅于 2015 年 11 月印发《开展领导干部自然资源资产离任审计试点方案》（厅字〔2015〕32 号），明确"领导干部自然资源资产离任审计试点 2015 年至 2017 年分阶段分步骤实施，2017 年制定出台领导干部自然资源资产离任审计暂行规定，自 2018 年

[①]《关于开展政府环境审计试点工作的通知》的主要内容：一是开展政府环境履责合规性审计。主要审计兰州市政府落实国家和上级政府有关环境保护的法律法规、环境标准、环境规划和政策的基本情况。包括是否制定环境保护目标并将目标分解到相关部门，目标指标是否具体和可考核；针对环境目标落实是否建立实时监测监控和灵活的调整机制；是否给予环境统计和监测、执法监察部门充足的资源保障和行动能力；是否预见到环境政策实施过程中可能面临的风险并建立风险控制和应急体系；是否建立环境目标、环境规划和政策实施后评估机制等。二是开展政府环境履责绩效审计。主要审计兰州市政府环境履责成效，包括是否形成有效的环境监管能力和污染治理能力；主要污染物排放量是否降低；环境质量是否得到切实改善；在上述各领域是否达到相关规划和政策的预期目标；规划和政策的实施是否具有较高的效益费用比等。三是开展政府环境履责财务审计。主要针对用于兰州市的专项环保资金，从资金管理使用的合法合规性、资金收支的真实性和资金使用绩效三方面开展政府环境履责财务审计。重点审计资金使用绩效，具体包括资金投入所形成的污染治理能力及产生的减排量、所形成的环境监管能力，资金绩效是否达到相关规划和政策目标要求等。

环境治理与国家审计

开始建立经常性的审计制度。"① 该方案的主要目标在于探索并逐步完善领导干部自然资源资产离任审计制度，形成一套比较成熟、符合实际的审计规范，保障领导干部自然资源资产离任审计工作深入开展，推动领导干部守法、守纪、守规、尽责，切实履行自然资源资产管理和生态环境保护责任，促进自然资源资产节约集约利用和生态环境安全。为此，中共中央办公厅、国务院办公厅于2017年11月印发《领导干部自然资源资产离任审计规定（试行）》，提出"开展领导干部自然资源资产离任审计，应当坚持依法审计、问题导向、客观求实、鼓励创新、推动改革的原则"。审计署办公厅在《2017年地方审计机关开展领导干部自然资源资产离任审计试点工作指导方案的通知》（审办资环发〔2017〕56号）中明确提出"反映领导干部和主管部门在相关问题中不作为、慢作为以及乱作为的问题性质……避免做成资源环境专项审计项目。"总体上，全国层面关于环境审计政策制度体系初步搭建起来，且由过去仅有审计机关单打独斗的局面，逐渐改变为与环境机关共同作用的格局。

为了贯彻《领导干部自然资源资产离任审计规定（试行）》，多个省市结合自身特点，制定了具体的领导干部自然资源资产离任审计办法，如表2-4所示。例如，中共四川省委办公厅、四川省人民政府办公厅于2019年7月颁发了《四川省领导干部自然资源资产离任审计办法（试行）》（川委办〔2019〕32号），细化了自然资源资产管理

---

① 例如，内蒙古、湖南、陕西、湖北、四川、广东、福建、山东、云南、江苏10个省份对领导干部自然资源资产离任审计进行了探索试点。内蒙古试点城市：赤峰市、鄂尔多斯市、牙克石市、乌拉特后旗；审计内容：起草土地、矿产、水、森林、草原、生态环境六个方面的审计初步方案。湖南试点城市：全省；审计内容：生态环境保护责任、耕地保护和国土征用责任、矿产资源开发责任、自然资源有偿使用制度执行责任等；问责机制：发现的重大资源浪费和环境损害问题，向干部监督管理部门提出约谈和问责建议，实施责任终身追究制。陕西试点城市：西安；审计内容：探索编制自然资源资产负债表；问责机制：建立生态环境损害责任终身追究制。湖北试点城市：黄冈；审计内容：着手编制自然资源资产清单，不再考核地区生产总值；问责机制：推行生态环境损害责任终身追究制，构建差异化考评体系，分层分类考核干部。四川试点城市：绵阳；审计内容：涵盖生态空间、生态环境等六方面共32项具体的评估指标，附有评估分值和评估标准；问责机制：生态环境损害责任追究制。广东试点城市：深圳宝安区；审计内容：审计自然资源资产造成破坏、损毁的行为；违法占有、浪费、破坏、污染自然资源情况等；问责机制：自然资源资产成为干部调任、降职、退休审计内容，领导干部对此负主管和直接责任。福建试点城市：福州等；审计内容：自然资源资产开发利用的可持续性；自然资源资产使用权转让的合法合规性；对自然资源资产保护的有效性等。山东试点城市：青岛、烟台；审计内容：尝试摸清海洋资源规模、质量、数量及其变动情况；问责机制：为准确评价领导干部履职责任和编制海洋资源资产负债表打下基础。云南试点城市：昆明东川区；审计内容：执行林业法律法规，绿化目标任务，义务植树，退耕还林，森林资源管理等内容的完成情况；问责机制：作为业绩考核和任用的主要依据存入领导干部个人档案，造成重大破坏由纪检监察机关依法追责。江苏试点城市：连云港；审计内容：海洋资源法律法规遵守情况、决策制度制定执行情况、海洋生态环境保护等情况。参见佚名.10省试点离任"生态审计"干部生态业绩受重视［EB/OL］.（2014-11-13）［2020-11-30］.https：//district.ce.cn/newarea/roll/201411/13/t20141113_3897670.shtml.

和生态环境保护责任范畴、审计对象、审计计划、审计内容、审计评价等规定。另外，湖北省不仅制定了《湖北省领导干部自然资源资产离任审计规定（试行）》（鄂办文〔2018〕75号），还颁布了《湖北省领导干部自然资源资产离任审计操作指南（试行）》（鄂审经责发〔2016〕129号），进一步细化了领导干部自然资源资产离任审计的操作措施。无锡市审计局为了充分履行审计监督职责，专门制定《无锡市领导干部自然资源资产离任审计统筹协作操作办法（试行）》（锡审发〔2021〕12号），要求构建政府部门、大学、科研院所、社会专业机构和企业等单位统筹协作的工作体系。

表2-4 部分地区领导干部自然资源资产离任审计规定

名称	发布时间	主要目标
《湖北省领导干部自然资源资产离任审计规定（试行）》	2018年12月	为了深入贯彻习近平生态文明思想，践行绿色发展理念，推动全省领导干部自然资源资产离任审计工作常态化、有度化和规范化，促进各地各部门（单位）领导干部切实履行自然资源资产管理和生态环境保护责任
《四川省领导干部自然资源资产离任审计办法（试行）》	2019年7月	为全面贯彻落实中央和省委、省政府关于加快推进生态文明建设的决策部署，践行绿色发展理念，促进自然资源资产节约集约利用和生态环境安全，推动领导干部切实履行自然资源资产管理和生态环境保护责任
《湖州市领导干部自然资源资产离任审计（暂行办法）》	2017年8月	为贯彻落实绿色发展理念，践行"绿水青山就是金山银山"重要思想，推动领导干部切实履行自然资源资产管理和生态环境保护责任，促进自然资源资产节约集约利用和生态环境安全
《怀化市领导干部自然资源资产离任（任中）审计实施办法（试行）》	2019年7月	为了加快推进生态文明建设，践行绿色发展理念，促进自然资源资产节约集约利用和生态环境安全，推动领导干部切实履行自然资源资产管理和生态环境保护责任
《黄石市领导干部自然资源资产离任审计实施意见（试行）》	2019年8月	为推进生态文明建设，践行绿色发展理念，促进自然资源资产节约集约利用和生态环境保护责任，推动全市领导干部自然资源资产离任审计工作制度化、规范化、科学化
《绩溪县领导干部自然资源资产离任审计暂行办法（试行）》（绩审〔2018〕32号）	2018年6月	—

续表

名称	发布时间	主要目标
《紫阳县领导干部自然资源资产离任审计办法（试行）》（紫办字〔2019〕117号）	2019年8月	为扎实推进生态立县战略，践行绿色发展理念，推动领导干部切实履行自然资源资产管理和生态环境保护责任，促进自然资源资产节约集约利用和生态环境安全
《红寺堡区领导干部自然资源资产管理和生态环境保护离任审计实施办法（试行）》	2019年8月	为全面推进生态文明建设，促进自然资源资产节约利用和生态环境安全，服务生态立区战略，推动领导干部切实履行自然资源资产管理和生态环境保护责任
《洪江市领导干部自然资源资产离任审计暂行办法（试行）》	2018年5月	为全面推进生态文明建设，促进领导干部切实履行自然资源资产管理和生态环境保护责任

第三章 环境治理与国家审计的关联向度

第一节 环境治理与国家审计的基础奠定

一、公共受托环境责任

杨时展先生将英文"accountability"翻译成"受托责任"。在《柯氏会计师辞典》中，库珀（Cooper）教授和井尻雄士教授将受托责任定义为：雇员、代理人或其他人定期报告其行动或行动上的失败，以继续行使委任权力的责任。井尻雄士教授后来又指出："责任人和委托人之间的受托责任关系，是通过各样的手段建立起来的"，"不管受托责任关系是怎样的，责任人总是要根据责任关系，把他的活动及其结果，向委托人交代明白。受托责任一般要求责任人通过记账来交代他的活动及其结果，并把总括资料报告给委托人。"[①] 在受托责任关系中，委托人将资源转移给受托人时，需要对受托人的行为、活动施以要求，产生对受托人行为、活动信息的需求，而受托人有责任向委托人提供行为、活动等方面的信息。基于两者之间的信息不对称，委托人为有效实现自身利益，需要评价和监督受托人管理和使用资源及履责情况，而受托人为获取报酬或解脱责任，[②] 也需要独立的第三者对其受托履责情况给予检查、鉴证和评价，审计监督由此生成。公共受托责任最初反映在经济领域，最高审计机关亚洲组织发表的《关于公共受托经济责任指导方针》的东京宣言指出，公共受托经济责任是指受托经管公共资产的人员或当局有责任报告对这些资产的经管情况并负有财务、管理和计划项目方面的责任。本质上，现代政府审计是确保公共受托责任实现和解除的一种审计。[③]

生态兴，则文明兴；生态衰，则文明衰。生态文明建设是关系中华民族永续发展的根本大计。当今时代，无论是发达国家还是发展中国家，在经济社会发展过程中，

---

① 杨发勇，瞿曲.试论公共财政与政府会计的关系 [J].武汉大学学报（哲学社会科学版），2005（1）：110-115.
② 程亭.受托环保责任与环境审计制度需求研究 [J].中国集体经济，2013（33）：37-38.
③ 张庆龙，沈征.政府审计学 [M].北京：中国人民大学出版社，2015：16.

环境治理与国家审计

都不同程度地存在各种环境问题,诸如空气浑浊、水源污染、资源枯竭、生态失衡等,而环境问题又引发社会问题、经济问题甚至政治问题,逐渐成为激起社会矛盾的重要原因之一。作为公共物品的"环境资源",容易出现被滥用的现象。在理论层面,环境资源属于全体公众所有,公众将环境资源委托政府管理和使用,同时公众则希望政府承担应有的受托环保责任——政府采取各种措施实施环境治理。许多国家通过立法途径将环保责任确立为政府的受托责任。政府履行受托环保责任的过程中可能引发失灵,基于其自私与贪婪性,存在背离委托方利益的风险——开始滥用被赋予的公共权力、资源和财物,造成环境治理的低效率,甚至无效果。为了防止、控制"政府失灵"的出现,环境审计作为一种监督制衡机制,逐步发挥重要作用。

审计之所以是政府最古老和最根深蒂固的财务活动之一,不仅仅是因为其连接问责,即对政府采购方法和对公共资金的处理负有责任,[1]还因为善治,也可以从能够带来透明度、问责以及说明支出合理性的审计中产生。进一步来说,环境审计作为环境治理机制的重要组成,核心在于鉴证、评价政府环保责任的履行情况,并进一步为环境问责提供信息支持。[2]对于环境审计来说,其需求强烈程度是由问责需求和审计的比较优势来确定的,环境问责的需求越强烈,审计越具有比较优势,环境审计的需求也就越强烈。可以说,环境审计鉴证、评价政府环保责任履行情况,主要受到其自身比较优势的影响。一般而言,由于审计机关不直接参与环境治理的相关活动,具有相对的独立性,其提供的环境责任履行情况的信息更具有客观性。但就专业能力来说,审计机关与专门的环保机构相比,在实施某些环境业务行为、制定环境业务制度等方面并不一定具有优势,而在环境资金、环境财务信息方面的鉴证具有更突出的优势,当然也会在其他方面发挥重要作用,如表3-1所示。基于此,环境审计存在多种可以选择的内容,决定其在环境治理机制中的定位差异:第一,作为外部监管的机制组成,对环保机构已经监管的环境问题进行再监督,对此,问责内容包括环境业务行为、环境财务行为、环境统计信息报告、环境财务信息报告等方面。由于环境责任包括制定环境法律法规及决策部署、遵守环境法律法规方针政策及决策部署、报告,因而需要关注环境业务行为合规性、环境财务行为合规性、环境统计信息真实性及环境财务信息真实性。[3]第二,作为内部治理和外部监管的评估途径,环境审计可发现其中的缺陷并及时推进整改,保障内部治理和外部监管的持续有效运行,此时,问责的主要着眼

---

[1] 安德鲁·格雷,比尔·詹金斯,鲍勃·塞格斯沃斯.预算、审计和评估:在七国政府中的功能与整合[M].梁君,唐晓磊,译.北京:经济科学出版社,2017:40.
[2] 郑石桥.环境审计基本逻辑:理论框架和例证分析[J].中国审计评论,2017(2):55-64.
[3] 郑石桥.自然资源审计基本逻辑:理论框架和例证分析[J].新疆财经大学学报,2017(2):41-48.

点是制度，关注业务、财务以及信息等制度的健全性。

表 3-1 环境责任要素与环境审计内容

环境责任要素	环境审计内容
制定环境法律法规及政策安排	环境业务行为
执行与遵守法律法规、政策及决策安排	环境业务行为
建立相关环境管理制度及流程	环境业务制度
遵守环境资金相关法律法规、政策及决策安排	环境财务行为
建立环境资金相关管理制度及业务流程	环境财务制度
报告环境统计数据	环境统计信息
报告环境资金管理与使用信息	环境财务信息

二、"免疫系统"理论

审计因受托责任的产生而产生，又因受托责任的发展而发展。事实表明，只要存在受托管理的公共财产，政府就必须承担起公共受托责任，就理应由审计监督公共受托责任的履行情况，以确保其能够良好地履行公共受托责任。显然，国家审计与公共受托责任之间的关系是紧密、不可分割的。[①] 从民主社会的本质来讲，伴随政府受托责任意识的不断强化，以及受托责任的关注重心变迁，极大推动了审计监督的有效发展。并且，公共受托责任的内容也是逐渐发展和扩大的，从关注的重心来看，历经受托财务责任、受托管理责任和受托社会责任等不同形态。[②] 总之，无论审计对象是财务事项还是与环境、安全、社会等相关的其他事项，国家审计都能够承担起鉴证与评价公共受托责任治理机制的责任。关于国家审计的理论认知经历了从"经济监督论"[③]、"经济

---

① 秦荣生.公共受托经济责任理论与我国政府审计改革[J].审计研究，2004(6)：16-20.
② 刘秋明.基于公共受托责任理论的政府绩效审计研究[D].厦门：厦门大学，2006.
③ 经济监督论主张：审计是由专职机构或人员，依法对被审计单位的财政、财务收支及其有关经济活动的真实性、合法性、效益性进行审查，评价责任，用以维护财经法纪，改善经营管理，提高经济效益，促进宏观调控的独立性经济监督活动。参见阎金锷.审计定义探讨：兼论审计的性质、职能、对象、任务和作用[J].审计研究，1989(2)：7-14.

控制论"① 到"免疫系统论"② 的进化过程。

2013年10月,世界审计组织在《北京宣言——最高审计机关促进良治》中提出:有效的国家治理是保持经济发展、社会稳定和提高公众生活水平的基石。最高审计机关可以通过增强透明度、落实问责制、提高绩效、打击腐败,进而实现国家良治,促进公平。作为国家治理不可分割的组成部分,国家审计依法履行其职责,客观公正地进行监督、鉴证、评价和建议,以供国家决策者制定政策和开展规划所用。最高审计机关应当努力成为公众生活中值得信赖的、诚信的和廉洁正直的典范。世界审计组织和最高审计机关有能力,也有义务根据各自的工作授权和法律框架,促进国家和全球范围的良治。③2008年,我国时任审计长刘家义首次提出国家审计本质上是保障国家经济社会健康运行的一个"免疫系统"理论,④并持续对这一理论进行深化拓展研究,随后再次深入论述"审计实质上是国家依法用权力监督制约权力的行为,其本质是国家治理这个大系统中一个内生的具有预防、揭示和抵御功能的'免疫系统',是国家治理的重要组成部分"的重要论断。⑤

审计的"免疫系统"功能,是指国家审计在经济、社会运行和公共权力行使过程中,能够发挥预防、揭示和抵御等具体功能。其中,预防功能包括预警功能和修补功能,⑥即通过预警方式,及时发现经济、社会运行和公共权力行使过程中存在的各类障碍、矛盾和风险,提醒相关部门采取措施,将问题解决在萌芽状态;通过审计建议,协助相关部门指导被审计单位完善相关制度,避免同类问题的再次发生。⑦揭示功能包括揭露功能和展示功能。⑧揭露,即通过审计发现问题;⑨展示,即将审计发现的问题,

---

① 弗林特(Flint)教授提出:"审计的社会概念是一种独立于有关方面的人员所实施的旨在将绩效水平与预期目标进行比较并报告其结果的特殊检查,它是监督保证受托责任有效履行的公共部门与私营部门控制机制的组成部分。"我国最早提出"经济控制论"的是蔡春教授,他指出:"审计在本质上是一种确保受托经济责任全面有效履行的特殊的经济控制。"参见蔡春.审计理论结构研究[M].大连:东北财经大学出版社,2001.
② 赵彦锋.审计"免疫系统"论:演进过程、作用机理与实现路径[J].审计与经济研究,2009,24(3):21-26.
③ 审计署.北京宣言:最高审计机关促进良治[R/OL].(2014-02-13)[2021-10-18].http://www.gov.cn/guowuyuan/2014-02/13/content_2613938.htm.
④ 刘家义.审计要发挥保障经济社会健康运行的"免疫系统"功能[EB/OL].[2020-11-28].http://www.gov.cn/wszb/zhibo309/content_1235674.html.
⑤ 刘家义.论国家审计与国家治理[J].中国社会科学,2012(6):60-72.
⑥ 魏明,乔泷楠.国家治理导向的金融审计信息生态系统研究[J].会计之友,2017(20):92-96.
⑦ 赵彦锋.审计"免疫系统"论:演进过程、作用机理与实现路径[J].审计与经济研究,2009,24(3):21-26.
⑧ 魏明,乔泷楠.国家治理导向的金融审计信息生态系统研究[J].会计之友,2017(20):92-96.
⑨ 杨肃昌,李敬道.从政治学视角论国家审计是国家治理中的"免疫系统"[J].审计研究,2011(6):3-8.

通过报告、公告等形式，及时向人大、政府、被审计单位以及社会公众展示。抵御功能包括自身抵御功能和配合抵御功能。[1]审计处理、处罚，直接对被审计单位的违法违规处理、处罚，即自身抵御功能；审计将线索或者案件移送司法、纪检监察及其他相关部门，间接对被审计单位的违法违纪问题进行处理，即配合抵御功能。

伴随经济、社会的持续发展，公共受托责任的内涵不断拓展，政府审计的本质发掘层层深入，其职能形成了"预防—揭示—抵御"的完整链条——"免疫系统"功能就此搭建起来，如图3-1所示。政府环境保护责任属于环境治理的重要组成，从"免疫系统"运用于环境审计来看，必然定位于具有预防、揭示和抵御功能。具体而言，通过信息披露，对实施环境治理的政府产生威慑作用，实现预防目的，揭示存在的问题，促进政策制度以及治理行为的完善，抵御环境治理过程中的各种偏离目标活动的发生，提高政府治理环境的绩效表现。[2]

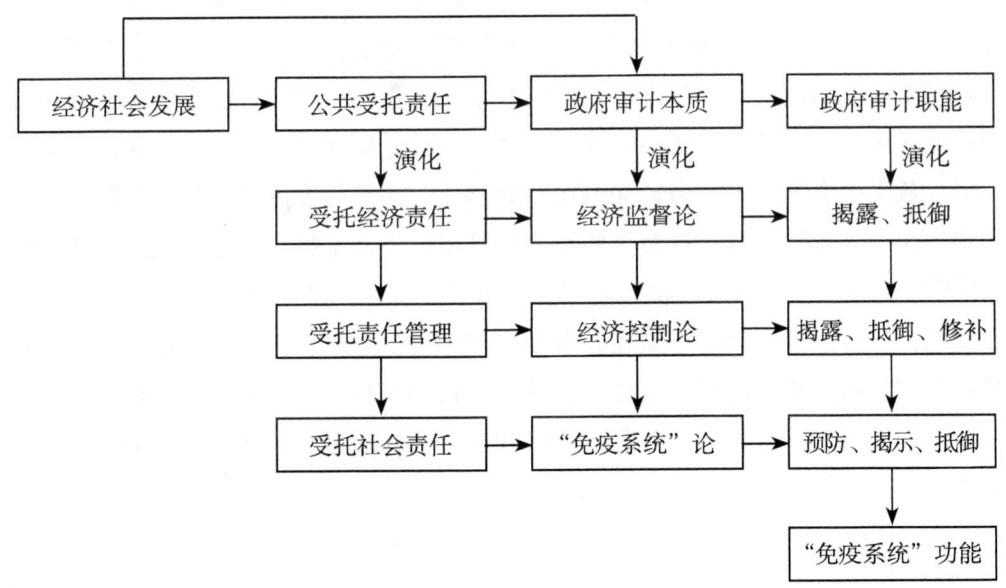

图 3-1 国家审计"免疫系统"功能的运行

（一）环境审计的预防功能

环境审计，具有与环境治理机构对等的权力地位、披露问题的威慑作用以及独立、客观、公正、覆盖经济社会各层面的比较优势，能够及时、准确地发现政府环境治理中存在的违法违规、政策执行和资金使用等潜在风险。例如，在建设项目正式启动之

---

[1] 魏明，乔泷楠.国家治理导向的金融审计信息生态系统研究[J].会计之友，2017（20）：92-96.
[2] 王家新.国家审计的政治经济分析[M].上海：上海三联书店，2013：181.

前，通过环境审计监督项目的合规性与审批过程，评估项目的环境影响和环保效果。[①] 环境审计能够发挥预警环境领域运行中的风险隐患的作用，增强环境治理系统的"免疫力"[②]。按照"经济人"理论假设，环境审计威慑力发挥作用的基本原理在于，人的"自利"本性且无法充分认知不利环境后果。如果审计结果可以被预期，让不履责者预期到一旦被揭发，承担的损失将不可估量，那么政府就会事前控制建设项目的启动。例如，审计介入项目预算以及规划之中，及时警告容易滋生腐败的环节。此道防线可将不履责或不当履责行为扼杀在摇篮之中，进而起到预警经济社会健康运行中的风险隐患的作用。

（二）环境审计的揭示功能

监督作为审计的基本职能，必须查错纠弊，方能矫正对规则、秩序和决策的背离和偏差。环境审计通过监督检查环境治理政策措施的贯彻执行情况，能够起到反映真实情况和揭示存在问题的功能，促进政府治理措施落实到位。例如，审查治理行为是否符合环境治理防治规划，治理计划的执行情况是否达到预定进度，专项治理资金的使用情况是否符合预算等。环境审计揭露环境领域的违法违规、不合理利用资源、污染环境、危害生态安全等行为，并依法对其惩戒；揭示制度障碍、机制缺陷、体制漏洞和管理扭曲，排除经济、社会与环境之间平衡的外部干扰，促进环境治理措施得到充分落实。真实、有效的环境信息是宏观政策制定及效果评判的主要依据。[③] 环境审计以独立地位，有条件全面、完整地采集和提供环境信息，包括市场主体、行业领域以及政策制定和执行部门的相关信息，能够为决策和管理部门提供客观、全面的治理信息，也可以为市场主体的行为选择提供可靠数据，还能够为公众参与环境治理奠定基础条件。

---

① 例如，2018年6月19日，审计署披露2016年以来，3省有21个新建或扩建的化工、造纸等项目，未履行环评或产能置换等审批手续；75个开发区未依法开展规划环境影响评价。参见审计署.长江经济带生态环境保护审计结果（2018年第3号公告）[R/OL].（2018-06-19）[2021-12-23].https://www.audit.gov.cn/n5/n25/c123511/content.html.

② 周一虹，周畅.政府环境履责审计作用机制与实施路径探索：以兰州市大气污染治理审计为例[J].会计之友，2015（14）：2-11.

③ 李璐.环境保护、受托责任与环境会计审计问题研究[J].中国会计评论，2012，10（4）：495-502.

(三)环境审计的抵御功能

环境审计能够促进政府环境治理体系的不断完善、规范,抑制和抵御政府环境保护履责过程中偏离治理目标的各种情形,进而提高政府环境治理绩效。环境审计在获取环境信息之后,不仅停留在查明情况、揭示问题的层面,更会针对问题产生的原因,从表象到实质、从微观到宏观剖析各个层次,防止消极因素入侵政府的环境治理系统。例如,基于审计过程中发现的治理问题,在分析问题原因的基础上,根据政府环境治理目标、效果、资金使用等情况发表审计意见,并提出切实可行的审计建议。事实上,伴随环境治理投入的持续大幅度增长,对环境治理的问责需求变得更加迫切,从而引发了环境审计的大规模启动。[①] 例如,英国地方城市实施21世纪议程以及二氧化碳减排审计,区域发展局开展城市级别的能源审计,对地方政府环境责任给予问责。[②] 巴西环境管理中的政府审计,尤其针对联邦环境许可证审批过程的业务审计,能够在环境领域进行问责。[③] 这恰好说明了环境审计在本质上属于控制政府环境保护履责的治理工具——影响政府环境保护行为,实现维护生态环境安全的工作目标。[④]

第二节 环境治理与国家审计的理论关联

一、国家审计对环境治理的总体回应

世界审计组织最高审计机关的环境审计目标在于,审计政府或公共部门对环境问题的回应,了解该国的主要生物资源和环境问题对这些资源的威胁。为了减轻或防止与这些资源有关的问题,以及明确谁来解决这些问题,环境审计通过评价鉴证,向利益相关者提供参考,以推动政府关于环境保护的计划、职责在经济性、效率性和有效性方面能够得到贯彻落实。最高审计机关一直致力于实现显著改善特定的环境状态,并且能更普遍改善政府治理流程和环境政策工具的审计。国家或者国际环境计划的推进落实,都需要有一个能够作出决策并决定是否执行的治理体系。以机构和过程的透

---

① 李兆东. 环境机会主义、问责需求和环境审计 [J]. 审计与经济研究, 2015, 30 (2): 33-42.
② NEWBOROUGH M B. Auditing energy use in cities [J]. Energy Policy, 2001, 29 (2): 125-134.
③ LIMA L H, MAGRINI A.The Brazilian Audit Tribunal's role in improving the federal environmental licensing process [J]. Environmental Impact Assessment Review, 2009 (2): 108-115.
④ 牛鸿斌,崔胜辉,赵景柱. 政府环境责任审计本质与特征的探讨 [J]. 审计研究, 2011 (2): 29-32.

环境治理与国家审计

明度、问责制以及公共资源的高效和有效利用为特征的良好治理，对于确保环境保护和可持续发展承诺产生可信结果至关重要。这是建立有效的可持续发展体制框架的关键要求。环境审计结果带来以下积极的环境成效：河流和流域的水质得到改善；可防止入侵物种；对动植物和生态系统的保护得到加强；自然资源管理得到改善；建筑对环境的破坏得以减少；环境污染得以减弱；土地沙化得以减少。①

2013年10月，世界审计组织大会通过的《北京宣言——最高审计机关促进良治》强调，最高审计机关在提高公共行政的效率、增强透明度和强化问责制方面发挥了重要作用；明确了国家审计是国家治理的重要组成部分；肯定了最高审计机关在维护国家财政安全、促进国家良治方面的重要作用。2012年1月，时任审计长刘家义在全国审计工作会议上进一步指出，国家审计是国家政治制度的重要组成部分，国家治理的需求决定了国家审计的产生，国家治理的目标决定了国家审计的方向。国家治理与国家审计从历史渊源、理论层面、法治层面和实践层面均具有相互依存、相伴而生的紧密关系。②因此，有必要从治理的角度探析环境审计的发展路径。

环境审计产生于全球环境污染加剧的大背景下，为了解决环境问题，促进经济可持续发展，包括中国在内的世界各国纷纷投入大量资金用于环境治理。环境保护资金投入的增加，产生了对资金运用情况和使用效率进行审计监督的需求。随着环境问题日益严重和人民群众的环保意识逐渐加强，简单以大量资金投入的、传统的环境治理模式已经不能满足环境保护、可持续发展的目标。新时期的环境治理体系应具有有效的运行机制，合理的组织结构，完善的决策、执行和监督规范。由此可见，在政府审计服务于国家治理的整体要求下，为了适应政府环境治理的更高要求，环境审计应当跳出资金审计的思维定式，重新审视环境审计与环境治理的内在联系，从环境治理的需求出发，定位环境审计的目标、对象和内容，以促进环境治理体系的完善，实现资源的合理利用和环境问题的根本解决。环境治理是一个庞大的系统工程，政府审计的实施过程涉及多个方面、多个领域，包括在防污治理的过程中有无承担相应的责任、是否发挥督促作用、落实推动生态文明建设的流程措施是否完备，这些贯穿于生态文明建设的整个环节。③

---

① 陈基湘.国际资源环境审计实务研究［M］.北京：中国时代经济出版社有限公司，2020：298.

② 蔡春，朱荣，蔡利.国家审计服务国家治理的理论分析与实现路径探讨：基于受托经济责任观的视角［J］.审计研究，2012（1）：6-11.

③ 蔡春，谢柳芳，王彪华.经济责任审计与地方政府治理：以环境污染为视角［J］.厦门大学学报（哲学社会科学版），2020（2）：91-104.

二、国家审计与环境治理的关联维度

(一)环境审计源于环境治理的迫切需求

环境治理是通过配置和运行使用、管理和分配环境资源的权力,对环境相关事项进行控制管理,以维护公民对环境资源的合法权益,为公众创造良好生活环境,并实现经济的健康、稳定和持续发展。[①]但是,由于利己行为的存在,政府及相关部门为了个人或小团体利益,有可能会出现滥用权力破坏环境,或对环境污染与破坏行为视之不理的现象。[②]因此,为了防止权力滥用或者怠于行使权力,而导致环境治理效率低下以及环境污染和资源浪费情况的出现,必须建立有效和完善的环境治理体系,以监督环境权力,防止权力恣意或牺牲环境的恶性事件出现。为了实现权力的约束与制衡,政府在将环境资源管理、使用和配置的权力赋予某些权力机构和部门的同时,需要建立一个独立的监督体系,并依法赋予其监督环境资源管理和使用权力运行的公共权力,即建立环境审计的监督机制。因此,环境审计是环境治理的一个重要方面,其产生的动机是推动和完善环境的有效治理,实现环境治理体系的有效运转,以保证经济发展与环境承载能力的相互匹配,从而更好保障公民对环境资源合法利益的积极实现。可见,环境审计源于环境治理的迫切需求。

(二)环境审计促进环境治理体系的完善

环境审计扮演着环境治理体系中的"免疫系统",能够促进环境治理系统的持续完善。环境审计是环境治理的监督控制系统之一,而环境治理的核心问题是如何有效地配置环境资源,使在环境治理中承担决策、执行和监督职责的机构能够互相紧密关联,共同促进环境治理系统的健康运行。其中,监督职责是指相关机构对决策的执行情况进行监督,并将其发现的问题向决策机构披露,促进决策的更新与调整,并给予相应的奖惩建议。环保、农业、水利等部门具有对环境权力行使情况的监督职能,但其监督职能是在本身具有的管理职能中衍生出来的。而环境审计属于独立的监督机构,其对行使环境权力的监督更加专业、独立,且其自身具有的预防、揭示和抵御功能,对完善和促进环境治理具有重要贡献。

第一,环境审计预防环境治理体系的风险。环境审计是用国家赋予的权力监督权力的一种治理工具,具有独立、客观、公正的天然优势,能够预警环境权力运行过程

---

① 刘家义.论国家审计与国家治理[J].中国社会科学,2012(6):60-72.
② 詹姆斯·M.布坎南.民主过程中的财政:财政制度与个人选择[M].唐寿宁,译.上海:上海三联书店,1992:57.

中的风险隐患,增强环境治理系统的"免疫力"。例如,《审计法》第30条规定:"审计机关履行审计监督职责,发现经济社会运行中存在风险隐患的,应当及时向本级人民政府报告或者向有关主管机关、单位通报。"同时,环境审计的主体和客体对监督结果的认识都具有一致性。审计客体明确审计主体将对其环境责任履行情况进行鉴证、评价,而作为专业、独立的审计机关——审计主体能够评估审计客体在管理、利用环境资源的活动中可能存在的问题。基于此,审计主体与审计客体针对彼此的行为进行相互预测,并作出于己利益最大化的反馈,两者最终会达至均衡,任何一方违背此种均衡都将蒙受利益的减损。① 因此,环境审计能够威慑拥有环境权力的治理主体,能够对环境管理权力滥用和责任缺失发挥预警作用。

第二,环境审计揭示环境治理体系的弊端。环境审计作为传统审计类型领域的延伸,通过收集充分、有效的审计证据,对环境相关事项与既定标准之间的相符程度进行鉴证、评价,并将结果传递给利益相关者。② 环境审计能够通过客观地收集相关证据,对审计过程中发现的环境治理体系的制度缺陷、管理漏洞、不合理利用资源和滥用权力的行为进行披露,重新对环境治理体系中的利益矛盾进行整合,剔除治理体系中各种干扰因素,达到环境治理的良好目标。例如,《审计法》第40条第1款明确:"审计机关可以向政府有关部门通报或者向社会公布审计结果。"

第三,环境审计抵御环境治理体系的偏离。与环境治理体系中其他监督机制不同,环境审计具有独立地位,能够更客观地、完整地获得与环境活动相关的信息,从而更为公正地对环境权力运行和环境责任履行情况进行评价,并将审计过程中发现的环境问题进行揭露,提出完善环境治理体系的建议,协同纪检、组织、监察等各相关部门及时地作出反应,抵御环境治理中发现的问题,从而提高环境治理的效率和质量。例如,《审计法》第45条第1款要求:"审计机关按照审计署规定的程序对审计组的审计报告进行审议,并对被审计单位对审计组的审计报告提出的意见一并研究后,出具审计机关的审计报告。对违反国家规定的财政收支、财务收支行为,依法应当给予处理、处罚的,审计机关在法定职权范围内做出审计决定;需要移送有关主管机关、单位处理、处罚的,审计机关应当依法移送。"并且,《审计法》第52条提出:"被审计单位应当按照规定时间整改审计查出的问题,将整改情况报告审计机关,同时向本级人民政府或者有关主管机关、单位报告,并按照规定向社会公布。各级人民政府和有关主管机

---

① 马曙光.博弈均衡与中国政府审计制度变迁[M].北京:中国时代经济出版社,2009:87.
② 该定义是根据美国会计学会审计基本概念委员会1973年发布的《基本审计概念说明》中对"审计"概念的表述而作出的。参见 Committee on Basic Auditing Concepts. A Statement of Basic Auditing Concepts [R]. American Accounting Association, 1973: 2.

关、单位应当督促被审计单位整改审计查出的问题。审计机关应当对被审计单位整改情况进行跟踪检查。审计结果以及整改情况应当作为考核、任免、奖惩领导干部和制定政策、完善制度的重要参考；拒不整改或者整改时弄虚作假的，依法追究法律责任。"

综上所述，环境审计是用权力依法监督和制约权力的制度安排，是环境治理体系中具有预防、披露和抵御功能的"免疫系统"，是保证环境治理有效运转和不断完善的必要机制。

三、国家审计与环境治理的耦合作用

环境审计与环境治理的内在联系表明，两者是实现环境保护与生态文明建设的耦合机制。环境审计能从环境治理的最终需求出发，推动环境治理的完善，并最终形成合力，实现环境保护和生态文明建设的根本追求。

（一）环境审计乃落实环境治理的法治途径

全面依法治国要求在环境保护和环境治理中，坚持依法治理的基本原则。环境审计能够促进环境保护过程中的法治建设，通过查处环境污染、环境破坏、滥用环境权力等违法行为，促进环境治理过程中的"有法必依、执法必严"，促进环境保护相关政策法规的落实。另外，以环境治理为出发点，在环境审计中能够不断发现政府治理过程中存在的相关法律和制度漏洞。同时，环境审计是一种监督机制，环境审计主体与客体对审计活动、审计评价标准、审计依据以及审计活动产生的后果能够达成一致意见。客体明确其应当遵守的环境保护的相关法律法规及其应当履行的法律责任是审计能够实施的必要前提。因此，在环境治理视角下，环境审计能够促进双方共同法律意识的达成，增强环境保护中的法治观念，从整体上提高环境保护中的法治水平。

此外，环境审计具有公开透明的特质。环境审计产生的基础为公共受托环境责任，[①] 社会公众是环境审计的利益相关者。环境审计将审计结果以报告形式向社会公众公布，这是公众了解政府及相关部门履行环境责任情况、参与环境治理的重要方式，促进了环境治理的信息公开，从而实现了环境保护中的民主逻辑。

（二）环境审计能够从根源上促进环境问题的解决

环境资源因具有非排他性，属于公共财产，其产权主体很难明确，公众总体上对环境资源的权属意识并不强烈。而且环境资源难以直接进行交易，其价值往往是无形

---

① 马志娟，韦小泉. 生态文明背景下政府环境责任审计与问责路径研究［J］. 审计研究，2014（6）：16-22.

的，很难进行精确地衡量，导致公众对环境资源的价值变动关注相对较弱，对环境资源保护的问责意识也比较弱。[①] 随着公民环保意识的觉醒，环境审计作为环境公共受托责任的产物，其审计对象应从单纯的环保资金的使用情况和预算执行情况，上升到环保资金使用效率，甚至追究环保责任及其行为。[②] 政府与公众之间的环境治理目标密切关联，政府的环境保护意识越薄弱，环境治理的效果越不理想，环境污染问题越严重，公民对环境问题的容忍度也就越低，对环境治理需求的层次也就越高。

在环境治理的视角下，环境资源是审计的对象，代表了与环境治理相关的权力行使和责任履行情况。[③] 具体而言，环境审计的对象不仅包括与环境保护相关的事项，例如，环保资金的使用情况，还应拓展至对环保事项背后的责任人及其行为的监督。作为公共受托责任中的受托方，环保部门具有管理和配置公共环境资源的权力，也有制定和落实合理的法规制度，有效管理环境投资建设，以及有效利用环境资源，保护环境和落实相关政策的责任。而其是否正确行使权力和履行责任，直接决定了环境资源能否得到良好利用，环境治理的目标能否有效实现。因此，从完善环境治理的角度出发，环境审计的首要任务是明确环境治理的责任方，对受托责任方的权力和行为进行监督和约束，才能从根源上理顺环境污染与资源损害的责任，真正发挥环境审计对环境治理的推动作用。

第三节　环境治理与国家审计的实证关联——以环境审计促进水环境治理为例

经济社会的高速发展，往往伴随能源消耗、资源浪费以及环境污染等一系列问题，这种粗放型的经济增长模式无疑与当今社会所倡导的绿色可持续发展理念相互冲突。节约资源和保护环境作为我国的一项基本国策，自党的十八大提出大力推进生态文明建设的战略决策以来，环境治理逐渐成为推进国家治理体系和治理能力现代化的重要任务之一。党的十九大报告强调要坚决打好污染防治攻坚战，推进环境治理和质量改善。党的二十大报告明确提出："推动绿色发展，促进人与自然和谐共生。大自然是人类赖以生存发展的基本条件。尊重自然、顺应自然、保护自然，是全面建设社会主义

---

① 李兆东. 环境机会主义、问责需求和环境审计 [J]. 审计与经济研究，2015，30（2）：33-42.
② 陈平泽，卞春艳. 基于国家治理视角的环境审计"转变"探析 [J]. 财会通讯，2016（28）：77-79.
③ 沈丽丽. 治理视角下的环境审计模式研究 [J]. 中国集体经济，2017（4）：18-19.

现代化国家的内在要求。必须牢固树立和践行绿水青山就是金山银山的理念,站在人与自然和谐共生的高度谋划发展。"环境审计作为环境治理的重要工具,积极致力于在生态环境保护和污染防治等方面发挥监督作用。自2017年起,党和国家陆续在全国各地对领导干部组织开展自然资源资产离任审计,将自然资源资产管理和生态环境保护——生态文明建设的重要内容纳入领导干部履职尽责范围。

水作为生命之源,是人类社会发展的重要物质保障,在自然资源中占据突出地位。尤其在我国,人口众多,人均水资源量远低于世界平均水平,而工业化社会高速发展所引起的废水排放量和污染物的增加以及资源浪费等问题,给水资源环境造成了严重破坏,保护和治理水环境越发必要和紧迫。近年来,国家颁布以及修改了一系列法律法规和政策措施,例如,《中华人民共和国水污染防治法》、《水污染防治行动计划》(国发〔2015〕17号)、《重点流域水污染防治规划(2016—2020年)》(环水体〔2017〕142号)等,对水环境资源的保护与治理作出细致规定和规划,提供了法律保障和行动指南。同时,政府加大了水环境保护与治理投资力度,例如,"十三五"期间水环境治理投资规模达到7344亿元。此外,审计署和各地审计机关陆续在各省以及渤海、淮河、黄河等重点流域进行环境审计和自然资源资产离任审计,审查监督水资源在内的自然资源管理以及生态环境保护与治理情况,通过提出审计整改建议以推进水环境治理。2018年全国审计工作会议明确提出,审计工作要围绕打好"三大攻坚战",进一步聚焦审计重点;在污染治理方面,要不断创新审计方式方法,促进加快生态文明建设。[①]2020年全国审计工作会议再次强调要对全国4200多名领导干部开展自然资源资产离任审计,并融合开展重点区域大气、水、固体废物等污染防治专项审计,凸显了审计监督在环境治理中的重要地位。

环境审计的功能发挥对环境污染治理具有正向影响,有助于推进环境治理能力现代化。长江经济带基于工业污染、水土流失等原因,其废水排放总量达到40%以上,已成为我国水环境问题最为突出的流域之一。2018年,审计署对长江经济带11省市2016—2017年资金管理使用情况和生态环境保护相关政策措施的落实情况进行审计监督,查出相关部门和企业在生态破坏和环境污染方面存在突出问题,并提出了审计整改建议。[②]2020年12月,第十三届全国人民代表大会常务委员会通过的《中华人民共和国长江保护法》,系我国首部流域保护的专门法律,具有针对性和特殊性,凸显了党

---

① 佚名.全国审计工作会议在京召开:以习近平新时代中国特色社会主义思想为指导 奋力开创新时代审计事业发展新局面[EB/OL].[2022-03-25].http://www.audit.gov.cn/n4/n19/c118781/content.html.

② 中华人民共和国审计署.2018年第3号公告:长江经济带生态环境保护审计结果[R/OL].[2022-07-08].https://www.audit.gov.cn/n4/n19/c123511/content.html.

和国家对水环境治理高度重视。本书选择长江经济带 11 省份为研究对象，研究环境审计免疫功能的发挥是否对水环境污染治理具有正向影响，以期为审计促进环境治理开展提供经验依据。

一、研究假设

面临资源浪费和环境污染严重的生态环境形势，党的十八大开始将生态文明纳入"五位一体"总体布局，党的十九大强调建设生态文明是中华民族永续发展的千年大计，党的二十大明确生态文明制度体系更加健全、污染防治攻坚向纵深推进。可见，生态文明建设已成为新时代中国特色社会主义现代化建设的重要内容。污染防治作为生态文明建设的重要组成部分，其治理情况的好坏直接关系到生态环境质量和社会生产生活。从环境治理角度来看，生态文明建设涉及公共权力运行、公共政策制定和公共资源配置等多个方面，本质上属于一项公共事务性活动，中央及地方政府基于履行生态环境治理与保护这一公共受托责任，进而成为生态文明建设的生产者和执行者。[①] 由于存在信息不对称和环境不确定性，环保部门行使公共权力、制定公共政策和使用公共资金，[②] 在推动和实施生态文明建设的过程中，离不开系统性和制度性的监督，需要通过评价政府公共受托责任的履行情况以验收环境治理成果、反馈生态文明建设成效。而审计作为国家治理和监督体系的重要组成，能够通过评价环保部门公共受托责任的履职情况，监督环境治理过程。因此，国家审计服务于生态文明建设是顺应时代发展的应然选择。

审计监督是国家治理体系中内生的具有预防、揭示和抵御功能的"免疫系统"，能够推进环境治理体系和治理能力现代化。水资源是人类生活和社会生产的重要物质基础，因而水环境治理也成为审计在推动生态文明建设中重点关注的内容。环境审计通过查处相关部门在执行生态环境保护政策和治理水污染活动中存在的漏洞，并提出建议以督促政府和环保部门积极整改，进而提升环境治理的绩效水平。具体来说，环境审计对国家发展战略涉及的水污染防治情况进行专项审计和政策跟踪审计，可以对水资源保护与治理情况实行动态监管，揭露政府及其部门在进行水环境保护与治理活动中存在的不合理之处，例如，在利用水资源、环保资金使用和生态环境损害等潜在风险中，评价政府针对水资源环境保护的履责情况，并通过处理处罚、提出建议等方式对相关部门和企业实施问责，以促进生态环境保护政策有效落实、规范水环境污染治

---

① 王爱国.环境审计服务生态文明建设的理论探讨与体系重构：兼论生态文明审计的本质内涵[J].理论学刊，2019（3）：49-55.

② 王爱国，郭胜川.生态文明审计：生态文明建设的基础性制度保障[J].改革，2021（12）：140-150.

理活动，在政府水环境治理履责、水资源开发利用以及污染治理等方面，最大限度发挥"免疫系统"功能。诸多理论实践也能够证明国家审计对环境污染具有治理功能。当国家审计强度越大、制度环境越好时，国家审计的环境治理功能越好。[1]当然，领导干部自然资源资产离任审计也能提高水资源利用效率与水环境质量，尤其在产业结构偏工业化的地区更为明显。[2]综上所述，提出如下假设：在其他条件一定的情况下，环境审计有助于促进水环境污染治理效果。

二、研究设计

（一）样本选择与数据来源

选取2009—2017年长江经济带11个省份的数据为研究样本，考察国家审计与水环境污染治理之间的关系。国家审计有关数据来源于《中国审计年鉴》；水环境污染治理数据来源于《中国环境年鉴》和《中国统计年鉴》；控制变量等数据来源于《中国环境年鉴》和《中国统计年鉴》。数据处理和分析使用Stata15.1软件完成。

（二）模型设定与变量选择

为验证国家审计对水环境污染治理的影响效果，构建以下模型：

$$WEP=\beta_0+\beta_1 AGC+\beta_2 LED+\beta_3 FI+\beta_4 PZ+\beta_5 IL+\beta_6 IE+\beta_7 UR+\beta_8 IEG+\varepsilon$$

1. 被解释变量

水环境污染（WEP）。参考李东梅和梁思捷[3]的研究，用工业废水排放量与废水排放量的比值衡量水环境污染。工业废水的不合理排放是造成水资源污染的主要原因，工业废水排放总量可以衡量水环境污染情况。

2. 解释变量

环境审计（EA）。借鉴喻开志等[4]和韩峰[5]的做法，并结合环境审计所具有的揭示、抵御和预防功能，选取以下指标衡量审计治理能力（AGC）：

---

[1] 曾昌礼，李江涛.政府环境审计与环境绩效改善[J].审计研究，2018（4）：44-52.

[2] 马志娟，任乐祺，徐杰，等.自然资源资产离任审计对水资源环境的影响剖析[J].财会月刊，2022（6）：88-95.

[3] 李冬梅，梁思捷.地方政府税收竞争对环境污染的影响：基于长江经济带省级面板数据的空间计量分析[J].当代经济管理，2021，43（3）：83-88.

[4] 喻开志，王小军，张楠楠.国家审计能提升大气污染治理效率吗[J].审计研究，2020（2）：43-51.

[5] 韩峰.国家审计有助于推进雾霾治理吗[J].中南财经政法大学学报，2021（6）：25-37.

①审计执行能力（AIC），用审计机关查处的问题金额的自然对数衡量。审计机关查处的问题金额主要包括违规金额、损失浪费金额和管理不规范金额，审计机关通过监督地方政府和官员在水环境保护政策和资金使用方面的贯彻落实情况，揭露水环境治理资金使用管理中的违法违规行为，以推进水环境治理相关政策和资金合规高效使用。②审计处理处罚能力（$APHC$），用审计处理落实金额的自然对数衡量，审计处理落实金额包括已上缴财政金额、已减少财政拨款或补贴的金额、已归还原渠道资金及已调账处理金额。该变量可以衡量审计机关的处罚力度，审计机关对水环境治理中的违法违规行为作出处罚，可以有效督促政府官员积极整改，以抵御水环境污染治理中出现的风险，提升环境治理绩效。③审计协作能力（ACC），用审计机关被采纳的审计建议数与提出审计建议数的比值衡量。该变量可以体现审计机关对发现问题的修正作用，通过评估审计建议的采纳比例以衡量审计机关的审计成果获得的相关部门协作配合的力度。④审计威慑能力（ADC），用移送司法机关、纪检监察机关和有关部门处理的事项数的自然对数衡量。审计机关将水环境污染治理中的相关违法犯罪事项移交给司法、纪检部门处理，可以威慑其他被审计对象，遏制违规挪用金额和损失浪费金额的行为，有效预防水环境污染治理中的部分风险出现。

3. 控制变量

基于现有文献的研究成果，设置了如下变量以控制其他因素对水环境污染治理的影响：经济发展水平（LED）、外商投资（FI）、人口规模（PZ）、工业化水平（IL）、制度环境（IE）、城镇化率（UR）、环境治理投资（IEG）。具体变量定义如表3-2所示。

表3-2 变量定义

变量名称	变量符号	变量定义
工业废水排放量	IWE	工业废水排放量占废水排放总量的比例
化学需氧量	COD	化学需氧量占废水排放总量的比例
氨氮排放量	ANE	氨氮排放量占废水排放总量的比例
审计执行能力	AIC	审计机关查处问题金额的自然对数
审计处理处罚能力	$APHC$	审计处理落实金额的自然对数
审计协作能力	ACC	被采纳审计建议数量占提出审计建议的比例
审计威慑能力	ADC	移送司法机关、纪检监察机关和有关部门处理的事项数的自然对数
经济发展水平	LED	各地区人均生产总值的自然对数

续表

变量名称	变量符号	变量定义
外商投资	FI	外商投资企业投资总额的自然对数
人口规模	PZ	各地区年末常住人口的自然对数
工业化水平	IL	第二产业生产总值占地区生产总值的比例
制度环境	IE	市场化指数
城镇化率	UR	城镇人口数占地区年末人口数的比例
环境治理投资	IEG	各地区环境治理投资总额的自然对数

三、实证结果分析

（一）描述性统计

表3-3是样本的描述性统计结果。工业废水排放量（IWE）的平均值为0.287，最大值为0.557，最小值为0.096，可见不同地区的工业废水排放总量差异较大，整体上我国的水污染治理绩效有待提高。审计执行能力（AIC）的平均值为16.699，中位数为16.762，最大值为18.511，最小值为14.538。审计处理处罚能力（APHC）的平均值14.080，中位数为14.030，最大值16.120，最小值为12.360。审计协作能力（ACC）的平均数为0.772，中位数为0.770，最大值为0.528，最小值为0.955。审计威慑能力（ADC）的平均数为5.090，中位数为5.176，最大值为7.482，最小值为1.609。可见，国家审计治理的各方面整体上较好，但各变量在不同地区间存在一定差异。

表3-3 描述性统计

变量符号	样本量	平均值	中位数	标准差	最小值	最大值
IWE	99	0.287	0.270	0.097	0.096	0.557
AIC	99	16.699	16.762	0.831	14.538	18.511
APHC	99	14.080	14.030	0.927	12.360	16.120
ACC	99	0.772	0.770	0.091	0.528	0.955
ADC	99	5.090	5.176	1.085	1.609	7.482
LED	99	10.580	10.540	0.545	9.241	11.750
FI	99	6.679	6.461	1.254	3.574	9.176
PZ	99	8.503	8.608	0.385	7.561	9.024

续表

变量符号	样本量	平均值	中位数	标准差	最小值	最大值
IL	99	46.060	46.600	5.760	29.800	55.400
UR	99	54.211	51.590	14.185	29.890	89.600
IE	99	6.886	6.820	1.742	3.530	10
IEG	99	5.393	5.379	0.673	3.054	6.859

（二）回归结果分析

用模型（1）、模型（2）、模型（3）和模型（4）分别评估国家审计功能的发挥对工业废水排放量是否产生影响，结果如表3-4所示。

表3-4 环境审计与水环境污染治理

变量符号	（1）IWE	（2）IWE	（3）IWE	（4）IWE
AIC	−0.048*** (−4.409)			
APHC		−0.031*** (−4.092)		
ACC			−0.139** (−2.191)	
ADC				−0.017** (−2.394)
LED	0.272*** (4.476)	0.213*** (3.671)	0.178*** (2.929)	0.232*** (3.523)
FI	0.043*** (2.680)	0.046*** (2.857)	0.047*** (2.751)	0.048*** (2.815)
PZ	−0.056** (−1.999)	−0.073** (−2.619)	−0.087*** (−2.971)	−0.093*** (−3.200)
IL	0.003* (1.747)	0.002 (1.562)	0.002 (1.485)	0.003* (1.821)
UR	−0.012*** (−6.419)	−0.012*** (−6.395)	−0.011*** (−5.651)	−0.013*** (−6.182)

续表

变量符号	（1）IWE	（2）IWE	（3）IWE	（4）IWE
IE	−0.002 （−0.203）	0.008 （0.795）	0.007 （0.686）	0.007 （0.690）
IEG	0.018 （0.999）	0.016 （0.919）	0.021 （1.107）	0.016 （0.834）
年度	控制	控制	控制	控制
_Cons	−1.155** （−2.329）	−0.803 （−1.630）	−0.719 （−1.371）	−1.158** （−2.084）
N	99	99	99	99
adj.R^2	0.576	0.564	0.504	0.509
F	18.61	17.84	14.45	14.71

注：***、**、* 分别表示系数在 1%、5%、10% 水平上显著。

表 3-4 第（1）列和第（2）列显示，审计执行能力（AIC）的回归系数为 −0.048，审计处理处罚能力（APHC）的回归系数为 −0.031，均在 1% 的水平上显著为负，可见环境审计对水污染治理具有正向作用，审计执行能力和审计处理处罚能力发挥得越好，地区工业废水排放量越低，水污染治理效果越好。审计机关能够揭示水污染治理财政资金使用过程中存在的效率低下、使用不规范、资金浪费等问题，并作出相应处理处罚，督促有关部门积极整改，进而推动水污染治理政策贯彻落实和水污染治理资金有效使用。表 3-4 第（3）列是审计协作能力（ACC）对水环境污染治理的影响，回归系数为 −0.139，在 5% 的水平上显著为负，可见环境审计的协作作用有助于改善水环境污染治理。审计机关通过审查水环境治理与保护过程中的违规行为，对存在的问题进行深入分析，并在其基础上提出有针对性的建议，以推动水环境保护制度不断落实，水环境治理绩效不断提升。表 3-4 第（4）列是审计威慑能力（ADC）对水环境污染治理的影响，回归系数为 −0.017，在 5% 的水平上显著为负，说明审计机关的威慑力可以在改善水环境污染治理方面具有正向作用。审计机关将政府部门或官员的违法事项移交给司法和纪检监察部门进行审查处理，能够对政府机关和工作人员施加压力，遏制一些违规挪用金额和损失浪费金额的行为，有效预防水环境污染治理中的部分风险。综上，选取的反映环境审计治理各项指标的系数为负，说明审计功能发挥得越好，工业废水排放量越低，水环境污染治理效果越好。可见，环境审计对水污染治理能够产生积极的影

响，假设得以验证。

（三）进一步分析

环境审计促进水污染治理的作用会受到财政状况的影响。政府的财政支出规模越大，越需要审计机关发挥监督作用，审查财政支出的流向、效率等问题。① 审计机关开展工作需要充足的财政资金提供支持，在财政状况较好的地区，充足的审计经费可以保证审计作用的有效发挥。② 而且财政状况也会影响审计整改结果，审计机关会要求问题金额上缴财政或者归还原渠道，在财政状况较差的地区，可能没有足够多的资金来应对审计机关的处理处罚决定。③

本书选取（地方财政一般预算收入和地方财政一般预算支出）来衡量财政状况，数值越大，说明该地区财政状况越好。将整个样本按照财政状况的中位数分为财政状况好和财政状况差两组并进行分组检验，样本分组回归后的统计结果如表3-5所示。在财政状况好的一组，审计执行能力（AIC）的系数为-0.061，在1%的水平上显著负相关，而在财政状况差的一组，审计执行能力（AIC）的系数未通过显著性检验，可见不同的财政状况对审计执行能力的发挥有影响，进而影响水环境污染治理效果。在财政状况好的一组，审计处理处罚能力（APHC）的系数存在类似情况，在财政状况较好的一组系数为-0.040，在1%的水平上显著负相关，而在财政状况差的一组系数未通过显著性检验。审计协作能力（ACC）的系数，在财政状况好的一组系数为-0.234，在5%的水平上显著负相关，而在财政状况差的一组系数未通过显著性检验。在不同的财政状况下，审计处理处罚能力和审计协作能力的发挥对水环境污染治理的影响也存在差异。同样，审计威慑能力（ADC）的系数在财政状况好的一组为-0.042，在1%的水平上显著负相关，而在财政状况差的一组系数未通过显著性检验，在不同的财政状况下，环境审计的威慑作用对水污染治理效果产生不同的影响。

---

① 叶子荣，马东山. 我国国家审计质量影响因素研究：基于2002—2007年省际面板数据的分析[J]. 审计与经济研究，2012，27（6）：12-24.

② 余应敏，杨野，陈文川. 财政分权、审计监督与地方政府债务风险：基于2008—2013年中国省级面板数据的实证检验[J]. 财政研究，2018（7）：53-65.

③ 和秀星，郑石桥. 财政状况对审计处理执行效率的影响研究[J]. 财政监督，2011（12）：53-55.

表 3-5　不同财政状况下环境审计对水环境污染治理的影响

变量符号	（1）		（2）		（3）		（4）	
	差	好	差	好	差	好	差	好
AIC	0.000 (0.026)	−0.061*** (−3.787)						
APHC			−0.014 (−1.212)	−0.040*** (−3.359)				
ACC					−0.034 (−0.442)	−0.234** (−2.066)		
ADC							0.011 (1.142)	−0.042*** (−3.431)
LED	−0.151 (−1.585)	0.160 (1.153)	−0.151 (−1.668)	0.102 (0.730)	−0.165 (−1.687)	0.015 (0.098)	−0.163* (−1.778)	0.132 (0.932)
FI	−0.012 (−0.508)	0.036 (1.051)	−0.001 (−0.036)	0.047 (1.318)	−0.012 (−0.500)	0.035 (0.900)	−0.028 (−1.045)	0.008 (0.231)
PZ	0.006 (0.145)	0.041 (0.486)	0.012 (0.310)	−0.085 (−0.895)	0.010 (0.248)	−0.004 (−0.036)	0.024 (0.566)	0.004 (0.043)
IL	0.003 (1.257)	0.005* (1.868)	0.002 (0.810)	0.002 (0.564)	0.003 (1.209)	0.006* (1.781)	0.004 (1.624)	0.007** (2.232)
UR	0.010** (2.427)	−0.007 (−1.490)	0.010** (2.545)	−0.012** (−2.187)	0.011** (2.461)	−0.006 (−1.137)	0.011** (2.595)	−0.009* (−1.806)
IE	−0.022* (−1.833)	0.006 (0.267)	−0.022* (−1.957)	0.031 (1.451)	−0.022* (−1.897)	0.036 (1.464)	−0.024** (−2.029)	0.031 (1.466)
IEG	−0.007 (−0.360)	−0.003 (−0.084)	−0.010 (−0.531)	0.035 (0.869)	−0.007 (−0.372)	−0.009 (−0.204)	−0.000 (−0.003)	0.014 (0.365)
年度	控制	控制	控制	控制	控制	控制	控制	控制
_Cons	1.426* (1.928)	−0.827 (−0.715)	1.556** (2.125)	0.345 (0.288)	1.546* (1.968)	−0.026 (−0.020)	1.346* (1.846)	−1.066 (−0.883)
N	54	45	54	45	54	45	54	45
adj.R^2	0.030	0.701	0.066	0.678	0.035	0.607	0.062	0.681
F	2.200	14.880	2.471	13.550	2.236	10.51	2.441	13.77

注：***、**、* 分别表示系数在1%、5%、10%水平上显著。

(四)稳健性检验

为了验证结论的可靠性,采用更换解释变量的方式进行稳健性检验。审计执行能力(AIC)用审计机关查处的问题金额与审计单位数的比值衡量,审计处理处罚能力(APHC)用审计处理落实金额与审计单位数的比值衡量,审计协作能力(ACC)用被采纳审计建议数量与审计单位数的比值衡量,审计威慑能力(ADC)用移送司法机关、纪检监察机关和有关部门处理的事项数与审计单位数的比值衡量,再次进行回归,结果如表3-6所示。从表中可看到反映环境审计治理的各变量均为负,各变量显著性与前文大致相同,审计威慑能力(ADC)没有通过显著性检验,可能是因为我国以事后审计为主,对于苗头性、倾向性问题的预警不够明显,环境审计的威慑作用有待加强。总体上模型比较稳定,通过了显著性检验,说明结论较为可靠。

表3-6 稳健性检验结果

变量符号	(1) IWE	(2) IWE	(3) IWE	(4) IWE
AIC	−0.000** (−2.412)			
APHC		−0.000* (−1.812)		
ACC			−0.027* (−1.674)	
ADC				−0.123 (−0.836)
LED	0.171*** (2.833)	0.174*** (2.843)	0.183*** (2.958)	0.189*** (2.831)
FI	0.054*** (3.190)	0.052*** (3.036)	0.042** (2.319)	0.046** (2.492)
PZ	−0.092*** (−3.176)	−0.102*** (−3.415)	−0.094*** (−3.187)	−0.096*** (−3.190)
IL	0.001 (0.586)	0.001 (0.878)	0.002 (1.134)	0.002 (1.315)
UR	−0.010*** (−5.136)	−0.012*** (−5.720)	−0.011*** (−5.517)	−0.012*** (−5.577)
IE	0.006 (0.605)	0.011 (1.062)	0.009 (0.898)	0.009 (0.850)

续表

变量符号	（1）IWE	（2）IWE	（3）IWE	（4）IWE
IEG	0.024 （1.263）	0.021 （1.109）	0.027 （1.419）	0.023 （1.188）
年度	控制	控制	控制	控制
_Cons	−0.725 （−1.389）	−0.650 （−1.226）	−0.771 （−1.448）	−0.840 （−1.493）
N	99	99	99	99
adj.R^2	0.510	0.495	0.492	0.479
F	14.73	14.01	13.88	13.28

注：***、**、* 分别表示系数在1%、5%、10%水平上显著。

本研究选取我国2009—2017年长江经济带11个省份的数据，对环境审计是否会影响水环境污染治理进行了实证分析。研究发现，环境审计有助于促进水环境污染治理，并且在财政状况较好时，环境审计在促进水环境污染治理方面发挥的作用更为显著。本研究为环境审计在水污染治理中发挥作用提供了经验依据，对水环境污染治理具有参考价值。

第四章　环境治理与国家审计的域外借鉴

在本质上，公共受托环境责任催生了政府环境审计。公共环境责任意识的启蒙可以追溯到 1962 年美国海洋生物学家卡尔逊（Carson）出版的《寂静的春天》一书，该书被公认为是世界环境运动的奠基之作，尤其被诺贝尔和平奖得主阿尔·戈尔（Al Gore）盛赞为"种下了新运动的种子，而后它成为了一股有史以来最伟大的力量"。随后，国际环境保护思潮逐步形成，越来越多的民众系统性地了解生态与环境问题，公共受托环境责任概念逐步出现在公众的视野，促使各国政府开始正视自身在环境问题中承担的公共责任。公众环境责任意识的觉醒和受托环境责任关系的确定，成为审计监督进入环境保护和管理领域的原动力。① 随着环境保护的行政化和环境投入的公益化，政府审计逐渐开始关注政府在环境保护中承担的公共责任，环境审计制度由此发端并日渐成熟。

第一节　世界审计组织审计及其环境治理

环境审计源自 20 世纪 70 年代以来企业降低环境风险的内部审计行为，后来被国家审计机关逐渐引入，成为促进可持续发展的重要手段。1953 年，世界审计组织成立，该组织由联合国成员国及其专门机构成员的最高审计机关组成，是各国最高审计机关信息交流、技术合作、培训研讨的主要平台，是全球仅次于联合国的第二大国际组织。世界审计组织的核心价值观是"独立、正直、专业、可信、包容、合作、创新"，其目标是促进各成员国审计机关帮助所在国政府充分考虑广大人民的利益，改进绩效、加强透明度、坚守责任、维护信誉、打击腐败、提升公众信任，培养更有效地取得和使用公共资源的能力，推动实现良好治理。

1992 年，世界审计组织成立环境审计委员会（Working Group on Environmental

---

① 徐薇. 中国政府环境审计研究［D］. 昆明：云南大学，2018.

Auditing，以下简称 WGEA），并按照地域范围设立了区域性环境审计委员会，[①]标志资源环境问题正式进入大多数国家最高审计机关的业务范畴。WGEA 属于一个自愿性组织，致力于在环境保护领域推动工作组成员和非成员对环境审计授权和审计工具的使用，尤其关注跨界环境事项和政策方面的联合审计及国际环境协议审计。为此，WGEA 采取了帮助各国最高审计机关提高对环境审计的认识、促进各成员国之间信息交换及经验的分享、提供出版环境审计指南等方式来实现其使命。

1995 年，世界审计组织在埃及召开第十五届大会，来自 125 个国家的最高审计机关以及国际审计组织的各区域组织就"环境审计"问题进行研究和讨论。[②]会议通过的《开罗宣言》明确：鉴于有关保护和改善环境的问题和重要性，国际审计组织鼓励各最高审计机关在行使其审计职责时对环境问题进行考虑。同时，鼓励各国最高审计机关在以下方面开展工作：各最高审计机关尽量充分利用其权限，并且在必要和实际可行的情况下，努力在立法上扩大权限，使其包括环境审计的全部范围；各最高审计机关（即使在只有财务权限的情况下）为各政府部长、议会和公众确定环境成本和环境责任（包括环境损害）；各最高审计机关在审计本国政府遵守国际协议的情况下进行合作，并且应该鼓励各最高审计机关之间开展联合或同期审计；各最高审计机关就以前审计中所发表的意见和所提出的建议进行追踪审计；各最高审计机关针对收集并报告有关环境成本和收益的信息，并在合适的情况下对这些信息进行审计。

之后，世界审计组织分别于 2001 年、2004 年制定了《从环境视角进行审计活动的指南》《环境审计和合规性审计》，如表 4-1 所示。其中，《从环境视角进行审计活动的指南》对环境审计的阐述相对成熟，从基本原理、基本准则、实务准则和报告准则四个方面阐述了 29 条审计准则在环境审计中的运用。《从环境视角进行审计活动的指南》主要由三部分组成：第一部分介绍世界审计组织国际审计准则在环境审计中的运用。国际审计准则代表各国审计机关实务中的一致性最佳做法，反映的是实施独立审计所能获得的专业做法，上升到法规条文，并适用于以环境为视角的审计活动。第二部分介绍环境审计实务与方法。最高审计机关在其职责范围内，实施合规合法性审计或绩效审计，详细阐述了环境绩效审计的五种类型。第三部分为确立环境技术标准提

---

① 世界审计组织设置了 7 个区域性组织，分别是：非洲审计组织（AFROSAI）、阿拉伯地区审计组（ARABOSAI）、亚洲审计组织（ASOSAI）、加勒比地区审计组织（CAROSAI）、欧洲审计组织（EUROSAI）、拉丁美洲和加勒比地区审计组织（OLACEFS）、太平洋地区审计组织（PASAI）和其他国家（美国和加拿大）。7 个区域性审计组织中有 6 个专门成立了本区域内部的环境审计委员会。

② 张弛.开罗宣言（摘要）（最高审计机关国际组织第十五届大会通过）[J].中国审计，1996（2）：53-56.

环境治理与国家审计

出建议。执行环境审计时需要考虑的关键因素在于确定技术标准，使被审计单位的信息披露或实际绩效得以评价。这为最高审计机关理解政府管理领域中环境审计的本质提供基础，旨在为其在职责范围内切实履行环境审计责任提供合理起点。[①]

表 4-1 世界审计组织关于环境审计的文件

文件名称	年份	文件名称	年份
《最高审计机关如何在国际环境协定审计中合作》	1998 年	《可持续渔业管理审计：最高审计机关指南》	2010 年
《从环境视角进行审计活动的指南》	2001 年	《可持续能源审计：最高审计机关指南》	2010 年
《国际环境协议审计》	2001 年	《矿业审计：最高审计机关指南》	2010 年
《可持续发展：最高审计机关的角色》	2004 年	《森林审计：最高审计机关指南》	2010 年
《环境审计和合规性审计》	2004 年	《审计环境与自然资源管理时应关注的舞弊和腐败问题：最高审计机关指南》	2013 年
《水问题审计：最高审计机关经验》	2004 年	《废物管理审计》	2016 年
《固体废弃物管理审计》（已更新）	2004 年	《农业和食品生产审计：最高审计机构指南》	2019 年
《可持续发展地球峰会：最高审计机关审计指南》	2007 年	《审计生物多样性：最高审计机构指南》	2019 年
《最高审计机关的合作：合作审计要点与案例》	2007 年	《防治荒漠化的土地利用和土壤质量管理审计准则》	2019 年
《生物多样性审计：最高审计机关指南》（已更新）	2007 年	《可持续交通审计指南》	2022 年
《气候变化政府应对审计：最高审计机关指南》	2010 年	《气候金融审计指南》	2022 年
《环境审计：最高审计机关当前的状况和选择》	2010 年	《塑料废弃物审计指南》	2022 年
《执行多边环境协议审计：审计师入门》	2010 年		

资料来源：程亭.环境审计：国际组织推动下的发展与借鉴[J].财会通讯，2015（4）：12-16.

[①] 陈思维，王晨雁.《从环境视角进行审计活动的指南》的启示[J].审计与经济研究，2003（4）：28-31.

自从 1992 年 WGEA 成立以来，每隔三四年就会开展一次全球性环境审计调查，旨在全方位了解各国最高审计机关环境审计发展趋势。截至目前，WGEA 已经分别在 1993 年、1996 年、2000 年、2003 年、2006 年、2009 年、2012 年、2015 年、2018 年、2021 年实施了 10 次全球性环境审计调查，主要针对环境审计任务执行情况、审计能力、国际合作等问题展开调查。在 2012 年的一项调查中，194 个成员国中共有 112 个填写并反馈了调查表，回复率为 58%。在环境审计实施数量方面，48% 的国家审计机关表示最近三年开展的环境审计的数量和三年前相比数量在增加，63% 的国家审计机关表示将继续增加开展环境审计的数量；在环境审计类型方面，75% 的审计机关开展绩效审计，66% 的审计机关开展合规审计，48% 的审计机关开展财务审计。各国审计机关越来越重视环境审计，且逐步增加绩效审计数量。制约环境审计发展的最主要障碍是：缺乏相关技能和专业知识，缺乏有关环境状态的数据，环境监控和报告系统不健全，政府环境政策不明确，环境评价标准不充分等。[①] 在 2015 年的一项调查中，环境审计的主要障碍包括最高审计机关内部缺乏技能或专业知识培训，对环境状况的资料不足和没有足够的检测和报告系统，次要障碍是政府环境政策制定不足。此外，利益相关者对于缺乏明确的环保规范与标准和缺乏最高审计机关授权还存在认知差异。在 2021 年的一项调查中，数据缺乏是环境审计的最大障碍：一方面可能面临数据缺乏，如环境监测和报告系统不足、环境状况数据缺乏、环境政策缺失；另一方面可能在获取可靠数据方面存在问题，如数据获取和核实困难。[②]

作为环境审计发展起步较早的发达国家，美国、加拿大、英国、德国和荷兰也针对不同的环境领域开展了实践，如表 4-2 所示。从环境审计对象来看，美国和英国的政府环境审计对象最为广泛，前者涉及了自然资源利用效果，后者则着眼于可持续发展视角；从环境审计内容来看，基本上形成了以环境政策和资金审计为基础，环境影响评价和环境管理绩效问责全覆盖的审计布局；从环境审计标准来看，国际环境和可持续公约仍然是环境审计的主要标准，专门化环境审计指南相对缺失；从环境审计类型来看，涉及合规、财务与绩效审计，绩效审计是发达国家政府环境审计的主要手段。[③]

---

① 李璐，张龙平. WGEA 的全球性环境审计调查结果：分析与借鉴［J］. 审计研究，2012（1）：33-39.
② 陈希晖，席颖俊，王雨薇. WGEA 第十次全球性环境审计调查结果与启示［J］. 审计观察，2022（4）：50-55.
③ 吴勋，郭娟娟. 国外政府环境审计发展现状与启示：基于 WGEA 全球性环境审计调查［J］. 审计研究，2019（1）：31-40.

表 4-2 部分发达国家环境审计实践

国别	环境审计对象	环境审计标准	环境审计类型
美国	自然资源利用与环境保护	《政府机构、计划、项目、活动和职责的审计准则》《黄皮书：联邦市政环境执行指南》	财务、绩效与合规审计相结合
加拿大	环境系统评价与鉴证审计	《加拿大绿色规划、环境管理体系审核指南》（ISO 19001）、《环境一致性评估标准》（CSA 2773—03）	合规审计为基础，注重绩效审计
英国	环境保护效果与可持续发展	《环境管理体系标准》（BS 7750）、《环境管理体系认证》（ISO 14001）、《生态管理和审核方案》（EMAS）	绩效审计为主
德国	环保预算执行与环保项目	《联邦预算法》、《环境管理体系认证》（ISO 14001）、《生态管理和审核方案》（EMAS）	财务、绩效与合规审计相结合
荷兰	政府环境政策与行动计划	《环境管理法》、《环境管理体系认证》（ISO 14001）、《生态管理和审核方案》（EMAS）	合规与绩效审计

资料来源：吴勋，郭娟娟.国外政府环境审计发展现状与启示：基于 WGEA 全球性环境审计调查［J］.审计研究，2019（1）：31-40.

第二节 美国国家审计及其环境治理

一、美国环境审计概况

美国最早实施环境审计，推动环境治理的效果也非常明显。实施环境审计的主体是审计署（Government Accountability Office）和环境保护局（The Environmental Protection Agency）。美国属于立法型国家审计体制的代表，审计署隶属于国会，依据《单一审计法案》实施审计，具有很高的独立性。1978 年，美国审计署设立了自然资源利用与环境保护司，内设环境资金审计处和环境绩效审计处，每年向国会提交环境审计报告，从环保资金的使用情况和使用效果方面分别进行常规性审计和绩效审计。美国环境保护局是联邦一级的权力机构，具体职责包括根据国会颁布的环境法律制定和执行环境法规，颁布环境保护政策方针以及提供年度环境审计报告，从事或支持环境研究及环保项目，加强环境教育以培养公众的环保意识和责任感。美国审计署的环境审计方法逐步发生演变，以契合环境保护方法的变化以及国会、政府机构和公众的信息需要。

依据美国审计署《政府审计准则》的要求，审计应该提供客观的分析，从而使管理部门以及负责治理和监督的部门能够利用信息改善计划的绩效和运营、降低成本并促进负责监督或发起纠正行为的当事人作出决策，并承担公众责任。[①]1986年，美国环境保护局发布的《环境审计政策》关于环境审计的定义是，对受环境法律法规管制的联邦各机构、各州政府、各公司等单位进行的一个系统的、定期的、客观的评估和审查，记录评估和审查情况并形成审计报告，以保证各单位的业务运行和实践活动满足环境要求。此外，美国具有比较完备的审计法律体系和环境审计准则体系，[②]细致的条款及规定对环境审计工作形成了具体的操作指南，为环境审计的有效开展提供了前提条件，也使审计依据较为清晰。继1969年颁布《国家环境政策法》后，美国又颁布了《联邦水污染控制法》《清洁空气法》《清洁水法》《噪声控制法》《安全饮用水法》《职业安全和健康法》等多项法律，[③]逐渐形成了完善的法律体系，其中在污染防治方面有多项法律法规都涉及环境审计。[④]此外，《暴雨污染防治计划下的环境合规审计指南》《废水处理管理规定下市政设施的环境合规审计指南》《清洁水和饮用水州循环基金计划审计指南》等环境审计工作指南，[⑤]进一步增强了审计的规范性和权威性。

美国环境审计内容非常广泛，[⑥]包括财务审计、合规性审计和绩效审计，三者从不同的侧面执行着环境审计的监督、鉴证和评价职能，组成了完整的环境审计体系。[⑦]1969年，美国审计署就"水污染控制项目"进行了审计，是最早对环境污染问题实施的系统审计。[⑧]目前，美国90%的项目实施绩效审计，其中环境绩效审计被列为重点内容，主要是对项目本身开展的环境及相关项目的经济性、效率性和效果性进

---

① 美国政府责任办公室.美国政府审计准则：2007中英文对照本[M].胡智强，丁晓红，译.北京：中国法制出版社，2011.
② 李苗苗.借鉴美国经验 完善我国政府环境审计[J].财会月刊，2014（22）：98-101.
③ 美国联邦政府将环境保护问题真正上升到了国家层面，环境保护不再仅仅被视为地方政府事务，联邦政府承担了环境保护的主要领导责任.RA. Air Pollution Control Law: Compliance and enforcement [M]. Washington DC: Environmental Law Institute, 2001: 16.
④ 游春晖，张龙平.美国环境审计制度变迁及其启示[J].财会月刊，2014（16）：91-94.
⑤ 裴相斌.环境审计：美国环境管理重要一环[N].中国环境报，2016-06-30（4）.
⑥ 美国环境审计内容包括：（1）评价土地经营项目的运作是否符合相关法律法规，土地项目的开发是否具有经济性、效率性和效果性，是否符合成本效益原则。（2）评价能源与环保政策的有效性，其是否可以确保能源充足以满足不断增长的市场需求。（3）评价污染治理项目是否投入了足够的财政资金，资金的投入是否能产生预期的效果。（4）评价对工业生产排放的废水、废气、废渣的处理情况，对居民排放的生活垃圾的分类处理情况，对核废料的处理能否保证不影响社会公众的身体健康和生活环境。（5）评价处理具有跨国性和全球性的环境问题时，是否遵循国际环境公约和协议，关于环境审计的国际协调战略是否可以取得预期效果。
⑦ 刘旭红，强海丹.中美环境审计比较研究[J].绿色财会，2014（10）：23-24.
⑧ 孙晗.美国水环境审计的发展历程及启示[J].财会月刊，2015（7）：60-64.

行评价。例如，美国审计署于2013年10月至2014年1月对2011年12月23日阿拉斯加北海岸的外大陆架废气排放监管权从国家环保局移交至内政部以来的监管绩效进行了审计，取得了良好的审计成效。2012—2018年，美国审计署已经累计发布109篇环境审计报告，围绕水污染、大气污染、化学安全、公共卫生、农业环境、气候变化和能源效率等方面展开审计。①

二、美国环境审计治理典型案例

美国审计署自然资源利用与环境保护司内设环境资金审计处和环境绩效审计处，将空气污染和气候变化列在其审计职责范围的第一位。1970—1979年，美国审计署出具了247份与空气污染治理以及《清洁空气法》执行相关的审计报告，其中关于政府绩效的审计报告38份，关于资金管理和预算执行的审计报告58份，关于法律执行的审计报告31份，其他关于科学技术、公民健康管理等23个主题的审计报告共计120份。在这些审计报告中，着重关注以下内容：第一，关注资金使用绩效。美国审计署出具了58份与空气污染治理资金管理和预算执行相关的审计报告，占全部空气治理审计报告的23%。审计署指出政府对空气污染治理上的资金投入呈现出急于求成和不惜代价的倾向。②表现出的问题有高资金投入与资金使用直接效果不明显：1972—1975年，空气污染控制方面的支出平均每年在300亿美元左右，且以超过25%的速度递增，1977年美国平均每户家庭在环境保护法律上的开支为600美元，甚至超出了在医疗、住房上的开支，但这种资金上的高投入并未实现对应的收益比。③第二，关注政策执行效果。美国相关法案不仅确立空气质量标准，还明确任务实现的时间表，所以审计署在审计过程中十分关注联邦政府（主要是环境保护局）和地方政府执行政策的效率和效果，例如，对政策治理不达标的州进行点名等，有效发挥了审计的监督和推动作用。1970年《清洁空气法修正案》要求各州在1977年必须达到国家环境空气质量的一级标准，审计署对各州完成任务情况进行持续的跟踪审计，并以审计长信函的形式对不达标州的相关情况、原因及建议进行报告和沟通。第三，关注环境保护局的运行情况。审计署在多份审计报告中都对环境保护局任务量过大、人力财力不足、处理问题能力极度透支的风险作出警示。例如，环境保护局起草《清洁空气法修正案》时

---

① 黄思璇，朱毓颖，钟飚.美国审计署（GAO）环境审计报告研究[J].中国审计评论，2014（2）：50-63.
② 贺宝成，沈玉芳，王家伟.强化雾霾治理审计的思考[J].会计之友，2018（9）：99-101.
③ 蔡欢，赵海侠.美国雾霾防治中环境审计实施情况及对我国的启示[J].现代商贸工业，2016，37（18）：150-151.

对新污染定义不准确而引起执行困难，对空气污染影响研究不够使空气质量标准制定出现偏差，同时协调处理各类污染的经验不够丰富，对水和空气污染的严格要求造成陆地污染加剧等。

至1979年"绿色十年"结束，不但雾霾问题得到有效治理，而且环保法规、环保机构、环保诉讼与审计监督相互联系、相互促进，共同构建了一个覆盖全国、行之有效的环境保护体系。[①] 审计监督在空气污染治理过程中发挥了关键作用，很多审计建议促进了相关法律法规修订和执行，提升了管理机构的工作效能。20世纪70年代美国在空气污染治理方面取得的成绩，被众多环境史专家用"令人吃惊的"加以概括。此外，2012—2018年美国审计署持续发布了18份关于大气污染治理问题的审计报告，如表4-3所示。作为审计署常规审计项目，大气污染审计重点关注影响大气质量和大气污染治理的相关环节，审计监督贯穿事前预防、事后处罚，形成了常态化与持续化的状况，促进了大气质量的改善。[②]

表4-3　2012—2018年美国审计署大气污染审计报告

发布年份	审计报告名称
2012年	《美国发电厂污染排放审计》
	《主要大气污染来源国家排放标准审计》
	《国家燃煤和燃油发电机组有害大气污染排放标准审计》
	《石油和天然气行业：新能源性能标准和国家有害大气污染物排放标准审计》
2013年	《国家大气颗粒物质量标准审计》
	《往复式内燃机大气污染物国家排放标准审计》
2014年	《阿拉斯加外大陆架管制活动和许可情况审计》
	《三级机动车排放和燃料标准审计》
	《更新机构的监测工作和燃煤发电机组退役情况审计》
2015年	《臭氧大气质量标准审计》
	《实心砌砖、瓷砖生产过程中有害气体排放标准审计》
	《电力发电机组碳污染排放准则审计》
	《危险固体废物管理系统：电力公司的煤炭燃烧残渣处理审计》

---

① 刘誉泽.美国雾霾治理审计的特点及其启示[N].中国审计报.2016-02-24（5）.

② 吴勋，张琬琳.美国审计署大气污染审计发展现状与启示：基于2012—2018年审计报告的分析[J].财会通讯，2021（3）：153-157.

续表

发布年份	审计报告名称
2016年	《可再生燃料标准审计》
	《跨州大气污染规则更新为2008年臭氧全国大气质量标准审计》
	《中、重型发动机和车辆的温室气体排放和燃料效率标准审计》
2017年	《基于〈大气清洁法案〉的风险管理程序审计》
2018年	《2019年和2020年可再生燃料标准审计》

资料来源：吴勋，张琬琳．美国审计署大气污染审计发展现状与启示：基于2012—2018年审计报告的分析［J］．财会通讯，2021（3）：153-157．

第三节　荷兰国家审计及其环境治理

一、荷兰环境审计概况

荷兰环境审计工作开展较早，法律制度体系较合理、实际适用效果非常明显。[①] 但审计法律并没有直接明确环境审计，只是规定最高审计机关有权进行常规审计（财务和合规性审计）和绩效审计。荷兰审计法院[②]因其本身不具有司法权力，而不能改变政策本身，只能依赖其权威性促进良好管理，主要依据环境、会计等相关法律政策。因此，环境审计法律制度积极适应《地表水污染法》《废弃物法》《噪声侵权妨害法》《土地净化法》等领域的理念与措施，不断调整审计对象和层次，与环境保护立法和政策保持协调一致。在1987年联合国环境会议宣言《我们共同的未来》发布之后，荷兰第一个于1989年制定了中长期战略计划——《国家环境政策规划》。1990年之后，尤其是《环境管理法》颁布后，荷兰环境审计法律制度的关注重心由部门性和地方性特定环境问题，逐步开始转型：重点关注政府的综合环境管理、环境政策、环境许可和审批；构建跨部门、涉及多个环境利益团体的、全国性的环境审计监督模式；依据欧盟

---

① 路广．荷兰环境审计法律制度的经验与启示［J］．南京审计学院学报，2011，8（1）：86-91．

② 荷兰审计法院与议会上院和下院、政府和廉政委员会三个机构并列，是独立的国家最高机关。审计法院作为独立的监督机构只对法律负责，其两大法律基础是宪法和政府审计法案。审计法院及其成员的地位、职能和权限是受宪法保护的。审计法院有责任检查政府政策，但不同的是审计法院只能在政策发布后提出意见，不能发表声明说某项特定的政策"不好"，但可以说某项政策未按预期的方式执行。

环境保护指令和协定的要求，开展区域合作环境审计等。① 另外，1992—2001年，荷兰审计法院担任世界审计组织环境审计委员会主席国，在此期间起草制定了《关于最高审计机关如何在国际环境协议审计方面进行合作的指南》《环境审计前景工作指南》等一系列重要国际组织文件，有力地推动了环境审计在国际范围的联合推广。

与在其他领域的审计一样，荷兰审计法院的环境审计可以采用多种形式，最常使用的是项目审计和政策审计。由于审计法院在环境审计领域的重要任务之一，是审计若干重大环保投资项目的合规性、效率性和效果性，故项目审计运用频率很高。政策审计是对行政机关的某项环保政策和措施进行审计，以考虑该措施的有效性，发现环境政策执行中常见的问题，从而向议会提供监督政策执行方面的必要信息。实施政策审计之后，如果发现问题，通常伴随着重点审计和项目审计，故政策审计也属于一种经常使用的审计方式。② 政策审计分为合规审计和绩效审计，尤其侧重于绩效方面，包括有关环境保护及治理政策的制定、政策的执行情况和执行效果等，并根据审计结果提出审计建议。审计结果和建议通过审计报告向外界公开发表，主送机构是议会，议会公开讨论审计报告。至今为止，荷兰审计法院所开展的环境审计中从未脱离对政策执行情况的审计。审计法院将环境问题作为绩效审计主题之一，重点关注能源和气候变化、噪声、农业和渔业、自然和生物多样性、土壤污染、水污染（淡水和海水）等。审计法院在确定具体审计项目时主要考虑三方面因素：一是环境政策执行状况，例如是否具有不符合政策要求的问题；二是环境问题的特征是否有利于审计，例如是否有明确的标准对执行情况进行判断；三是是否与国家的重大事件或与社会公众的生活密切相关。③

随着人类经济活动和科学技术的发展，环境问题的成因越发复杂，影响范围已经扩大至工业、能源、交通、农业、医疗等多个领域。环境问题的跨域性导致了环境审计必然会涉及很多不同领域的专业问题。荷兰审计法院长期主导环境审计工作，且对环境审计法律制度的起草、设置发挥着巨大的影响。例如，荷兰环境审计法律专门明确了外部专家聘任制度，能够极大提高环境审计效率与效果，主要做法是从科研机构或大学聘请具有环境审计特定领域相关知识、技术背景的专家，共同参与到环境审计项目实施之中，并联合工业、农业、卫生等部门协同展开环境审计工作。

---

① 陈怀玉.独具特色的荷兰环境审计[J].商业会计，2006（14）：37-38.
② 贺桂珍，吕永龙，王晓龙，等.荷兰的政府环境审计及其对中国的启示[J].审计研究，2006（1）：30-34，29.
③ 付健，史朋彬，付雅.借鉴荷兰环境审计立法经验，创建我国绿色审计制度[EB/OL].[2022-03-04]. http://www.riel.whu.edu.cn/view/2267.html.

二、荷兰环境审计治理典型案例

温室效应属于全球性的环境问题,其严重后果将会导致海平面上升。荷兰是低于海平面的国家,尤为关注温室效应产生的影响,经济事务、交通、环境、农业和财政等多个部门共同制定气候变化政策。审计法院制定审计计划,特别关注温室气体排放,尤其集中在减灾政策(目标是防止气候变化)和适应政策(目标是应对气候变化带来的后果)的评价方面。1999 年,荷兰排放的温室气体中二氧化碳占 80%,甲烷和一氧化二氮等其他温室气体约占 20%。审计法院的工作重点是促进二氧化碳减排管理和报告的改进完善,通过审计政府政策措施、项目和资产等来提高二氧化碳减排成效,通过评估二氧化碳排放规划和政策来促进科学决策等。审计法院于 2007 年 12 月至 2008 年 10 月,审计了 2000—2005 年的削减二氧化碳排放情况,审计目标在于:(1)温室气体减排的政策是否明确可行;(2)政策制定和实施效果的信息提供是否充分可信;(3)相关政策是否能够协调、配合。[①]

温室气体排放审计具有典型的绩效特征,包括对政策的法定目标实现程度的评价,也包括对政策措施、协调、实施效率的评价。审计范围涵盖了工业、能源、交通、农业和个人家庭等温室气体排放政策涉及的主要人员。审计法院分析各个行业的政策措施,审核执行气候变化政策所用的财政工具,并检查政府依据《京都议定书》的承诺制定的政策等。审计法院于 2008 年底向议会提交审计报告,并于 2009 年 3 月在官方网站公告了审计结果:(1)政策目标。削减二氧化碳排放的政治意义较大,但政策目标不清晰。自 2000 年起没有确定具体行业的分解目标,2002 年后各部门也不再负责主管行业的削减目标,主要将工作重点调整为提高能源利用效率。相比工业、交通行业而言,能源、农业和个人家庭等的目标明确程度总体更好。(2)政策制定。相关政策工具缺乏对不同行业的问题研究、事前评估和成本分析等,甚至缺少支持的证据分析。与其他行业相比,交通和工业行业的政策分析质量较差。(3)政策实施。削减二氧化碳排放的政策措施实施滞后。2000 年计划专项预算为 4.25 亿欧元,到 2005 年才允诺 1.973 亿欧元,而实际只拨付 2100 万欧元。(4)政策效果。未能实现 2005 年二氧化碳排放与 2000 年相比削减 3% 的目标,相反上升 8%,缺少必要的惩罚措施。另外,审计报告还指出负责政策协调的住房、自然规划和环境部在为其他部门制定具体措施上工作不力。[②]

---

① 黄溶冰,王丽艳.环境审计在碳减排中的应用:案例与启示[J].中央财经大学学报,2011(8):86-90.

② 黄溶冰,王丽艳.环境审计在碳减排中的应用:案例与启示[J].中央财经大学学报,2011(8):86-90.

鉴于在 2008—2012 年的后续期间，无法确定能否完成削减目标，审计法院提供了相关建议，政府应当细致制定落实二氧化碳减排的政策措施：（1）政策协调和实施，细化有关部门的任务、职责；（2）强化政策的一致性与连续性，停止审批新项目，确保各政策目标的统一；（3）重视政策支持和实施成效；（4）充分考虑外部因素和其他有关政策的影响；（5）提升政策制定水平，尤其是事前评估和成本分析；（6）颁布标准以衡量政策实施对二氧化碳排放的影响；（7）赋予负责政策协调部门更大权力。基于审计法院的审计报告，政策采取了以下措施：（1）政府有关部门向议会汇报削减二氧化碳排放的政策制定、执行与职责履行情况，回答了议会质询；（2）大部分审计建议得到采纳，并在 2008—2012 年温室气体减排规划中予以体现，特别强调各行业减排的政策目标与政策实施过程的协调；（3）有关部门主动公布涉及自身职能的整改情况。[①]

第四节 澳大利亚国家审计及其环境治理

一、澳大利亚环境审计概况

澳大利亚采取议会制的政治体制，分为联邦、州和地方政府三级。澳大利亚的审计体系是联邦政府设立审计长公署，审计长由联邦议会任命，审计长向联邦议会负责；各州分别设立州审计局，审计局局长由州议会任命。联邦政府审计长与州审计局局长按照国家与各州相关法律、法规独立行使职权，对国家资金进行审计监督，对国家的重点项目，包括环境保护项目进行绩效审计。[②]1997 年，澳大利亚议会通过了《审计长法案》，确立了审计长和审计署的法律地位，明确了审计长是议会的独立议员，确立了审计长的独立性和其与议会之间的唯一关系；规定了审计长作为联邦公共部门的外部审计人员，享有对联邦政府部门、事业单位和公司及其下属单位进行绩效审计的权力，并根据部长、财务大臣和议会会计审计联合委员会的要求，对政府企业进行绩效审计。[③]

为了更好地统筹和协调联邦政府和各州以及各参与部门之间在环境保护中的工作，

---

① 黄溶冰，王丽艳.环境审计在碳减排中的应用：案例与启示[J].中央财经大学学报，2011（8）：86-90.
② 潘恒仁，姚国君.赴澳大利亚环境保护审计培训考察报告[J].当代审计，2001（3）：37-38.
③ 管亚梅.澳大利亚绩效审计对我国的启示[J].现代企业，2005（2）：62-63.

环境治理与国家审计

澳大利亚政府制定了更有效的协作框架，明确了合作方式、环境保护内容，更好地界定了联邦政府和州政府在环境保护中的角色和职能，为进一步确定环境审计开展主体的职责、目标和更好地开展环境审计奠定了基础。1999年，《环境保护和生物多样性保护法》的出台和环境及能源部门的组建，标志着澳大利亚环境保护的法律法规和组织机构体系初步建立。2003年，澳大利亚自然遗产委员会制定了《国家土地和水资源审计战略规划》，指导水资源审计工作。2009年，澳大利亚国家水资源委员会制定了《澳大利亚水会计概念框架》，《澳大利亚水会计准则1号——通用水会计报告的准备和列报》《澳大利亚水会计准则2号——通用水会计报告的鉴证业务》于2012年5月、2014年2月先后发布。至此，澳大利亚成为世界第一个建立综合性水会计标准体系的国家，通过建立统一的水会计标准来提供一致、可比、高质量信息，[①] 从而进行水资源的分配、定价等相关政策制定。事实上，《澳大利亚水会计准则2号——通用水会计报告的鉴证业务》不仅确保了水会计报告的质量，还成为澳大利亚审计准则第3610号，对实际水资源审计工作作出了具体的规定与详细的解释。[②] 经过多年的发展，澳大利亚国家审计署针对关注的环境领域，平均每年执行2~4个环境绩效审计项目，审计范围涵盖环境保护项目设计、环境保护项目执行、资产管理、法律法规执行等方面。

澳大利亚审计署通过对环境问题执行项目绩效审计的方式，去评价环境保护责任方的工作，帮助其识别工作中的不足，提出有针对性的改进建议，最终以环境审计绩效报告的形式向议会提交，并在审计署网站上对社会公众进行发布。审计署执行环境项目绩效审计时从经济效益、效率、效用和法律法规的合规性等方面，对被审计项目进行鉴证和评价。具体来说，环境项目绩效审计主要是考察在项目开展中被审计单位是否做到了最小化成本、投入产出比最优，环境项目是否达到了预期以及相关法律法规是否得到了贯彻执行。

绩效审计包括审计计划、证据收集和分析以及报告三个阶段。在审计计划阶段，审计署需综合考虑政府的职责、公众和议会感兴趣的议题、承担项目的专业胜任能力和风险等因素来确定审计项目，还包括通过初步审阅项目相关信息、与项目相关参与方进行初次访谈等方式，确定审计目标、审计范围、审计安排等。在审计证据收集和分析阶段，审计署通过全面收集和分析项目信息、与管理层和各项目相关开展访谈和实地走访审计项目以及检查项目实物资产等方式，以获取出具绩效报告所必须的充

---

① 陈英新，刘金芹，赵艳.《澳大利亚水会计准则第1号》的主要内容及对我国的启示［J］.会计之友，2014（29）：46-48.
② 刘静，鞠雪娇，陈思灼.发达国家水资源审计对我国的启示［J］.东北亚经济研究，2017，1（4）：115-120.

分、适当的审计证据。在报告阶段,审计署将汇总整理审计发现的问题、得出的结论和可能的审计建议,并将审计结果及时反馈给被审计对象,以获取他们对审计结果的反馈。根据意见反馈,审计署起草审计报告初稿,并再次与被审计对象和相关方进行沟通修改。在发布正式报告前,审计报告将再次被审阅直至最终在审计署网站上公开发布。

二、澳大利亚环境审计治理典型案例

(一)墨累-达令流域(Murray Darling)审计情况

墨累-达令流域对于澳大利亚的环境、经济和政治都有举足轻重的作用。该流域有澳大利亚三大最长河流,横跨四大洲和澳大利亚首都;居住了超过200万的人口,且有约39%的国民经济来源于该流域的农业生产。但进入20世纪以来,基于气候变化、人类过度的消耗等原因,该流域生态环境遭到了严重破坏。基于该流域环境问题的严重性,澳大利亚国家水资源办公室开始专门负责流域水资源的管理和治理工作。

墨累-达令流域水资源审计由澳大利亚审计署负责,审计目标是评估国家水资源办公室对该流域水资源管理工作的有效性。主要从评价国家水资源办公室在水资源管理方面的近期和远期的成效,评估其在规划和利用该流域水资源的及时性和有效性以及其在组织相关方共同参与治理的有效性等方面进行审计。审计署审计小组采用查阅国家水资源办公室相关文档,与国家水资源办公室及相关方进行面对面访谈或信件往来方式进行审计。围绕最终形成的绩效审计报告从水资源项目治理审计、相关方参与审计、水资源利用规划审计、流域供水调配审计、监督与检查等方面展开。国家水资源办公室在对墨累-达令流域水资源管理时会面临复杂的环境,不仅需要管理该流域水资源,使其更好地为该流域的经济和社会发展服务,同时还需要处理好与流域管理中各相关方的关系,以便更好地开展管理工作。如同公司治理,与一家公司在面临复杂内外环境时能否顺利实现其短期和长期的目标的重要性相同,墨累-达令流域的治理规划将成为国家水资源办公室能否顺利完成其工作目标的关键之一。由此,2012—2013年审计署从项目行政管理、风险管理、项目规划和治理活动报告等方面,对国家水资源办公室的水资源项目治理环节进行审计,并于2013年5月发布《联邦水环境管理审计报告》。

在项目行政管理方面,审计署关注了国家水资源办公室部门职能的划分和人员安排的合理性,肯定了国家水资源办公室设立的月度管理层会议的召开机制,称其有效促进了各部门工作的协调开展。在风险管理方面,审计署审查了国家水资源办公室在机构和运营层面风险管理方式的变化。审计署在绩效报告中指出,国家水资源办公

环境治理与国家审计

室的风险评估草案在已有控制基础上,虽然识别了部分领域的高风险情形,但在风险评估层面未能很好地做到与时俱进,相关部门支持和协同参与也有待进一步完善。随着流域水资源治理中对全面风险评估的迫切需求,国家水资源办公室和政府律师局于2012年共同参与,结合国家和州立法,识别和评估了在流域水资源管理中可能面临的4个大类、60个分类风险,并对部分中高风险领域的内部控制疏漏提出了切实可行的改进对策。审计署对修改后的流域风险识别和评估方案给予了肯定,在绩效报告中称其为流域风险管理工作的顺利开展提供了保障。在项目规划方面,审计署根据国家水资源办公室的计划层级,分别从年度总体经营计划、年度部门和关键事项计划等方面进行了审计。审计结果在肯定其计划有用性的同时,提出需要定期对年度计划执行情况和效果进行检查等建议。在治理活动报告方面,审计署以预算报告、年度报告、年度成果报告对国家水资源办公室进行审计,指出其现有报告内容主要围绕近期的具体活动及其成效展开,而缺少了对墨累-达令流域项目中长期计划完成和项目开展情况和成效的监督和报告。

(二)相关方参与审计

在墨累-达令流域管理中,国家水资源办公室需要协调与各管理相关方的关系,并与之协同合作。审计署将从审计国家水资源办公室制定的相关方沟通策略、相关方参与的活动方面实施审计。具体包括:第一,相关方沟通策略制定。国家水资源办公室在相关方沟通策略中推行了开发媒体网络、更新相关网站和建立相关方登记制度等系列措施。经过审计,在沟通策略内容方面,审计署要求针对相关方参与需求提出。具体来说,需要识别和划分相关方群体,针对不同相关方群体在合理预算的前提下,选择适合的沟通和参与方式以及制定适宜的沟通策略。在建立相关方登记制度方面,审计署提出应从相关方信息的充分性、完整性和适当性等方面予以完善。第二,相关方参与的活动。审计署将相关方分为流域一般相关方、流域内各区域相关方、流域水资源利用合作方以及流域其他政府机构。针对流域一般相关方,流域信息的双向沟通和发布主要是利用网站进行。① 网站信息不仅包括关键水域水资源规划信息、国家水资源办公室年度规划、年度报告等信息,还包括一般相关方对流域管理和框架性文件的意见和反馈,帮助其制定合理政策和有效实施管理。众多区域相关方团体的建立,在很大程度上促进了国家水资源办公室在墨累-达令流域管理工作的开展。审计署收集了相关方的意见反馈,尤其提出了需要更好的因地制宜,根据各区域的具体情况实施

---

① ANAO. Audit Report No.36(2012–13)performance audit[R].(2013-5).

治理，加大流域治理过程和决策制定过程的透明度等。针对流域水资源利用合作方，包括各州授权组织、私营组织、政府部门、大学科研机构等，主要负有监督与合作职能。根据审计署收到的流域水资源利用合作方反馈意见，水资源办公室同样需要因地制宜，充分调动各区域水资源利用合作方的积极性，使其更好地参与流域相关工作。针对其他政府机构，尤其是与国家水资源办公室业务职能有交叉的单位，审计署肯定了各个机构之间协同开发环境资源共享数据库等，以便及时共享信息的合作方式。

（三）水资源利用计划审计

澳大利亚水资源管理是一项极其复杂的工程，需在实际实施前充分考虑各方面潜在状况，实施灵活的计划和安排。鉴于水资源管理计划的重要性，审计署从水资源利用计划指南制定和辅助工具开发、年度规划制定等方面进行审计。

第一，水资源利用计划指南制定和辅助工具开发。国家水资源办公室制定一系列指南并开发了辅助工具，帮助其更好地制定水资源利用计划，其中包括水资源使用框架、资源数据库、运营风险指南等。水资源使用框架主要划分了在不同的环境状态下，水资源利用的生态目标。例如，在气候环境极为干燥的情况下，水资源利用的主要生态目标是避免利用不当破坏关键环境资产。资源数据库主要记录了墨累－达令流域近160种环境资产的信息、重要性、受威胁植物群和动物群信息、各区域水资源需求和相关历史信息，还用于监控生态和评估管理成效等作用。其中，环境资产主要是指依靠墨累－达令流域一处或多处水资源的生态系统区域，且这些区域具有重要的生态作用。运营风险指南囊括了在流域水资源管理中可能遇到的三大类风险及主要的应对措施。三大类风险主要包括：第一类政治、经济和文化遗产风险，如洪水带来的经济损失、流域历史遗产的重建与修复等；第二类环境风险，如负有侵害性的物种扩散等；第三类运营风险，如由于未进行合理规划导致水资源分配不均带来的损失等。审计署实施检查评估后，对国家水资源办公室制定的水资源利用计划指南和开发的工具的适用性给予了肯定。

第二，年度规划制定。国家水资源办公室制定的当年度和未来多年组合管理报告，主要用于向水资源管理的相关方披露有关当年和规划的未来如何使用和分配水资源的信息；同时管理报告还包含了对集水区域未来情况的预测信息，这对各区域水资源的利用和分配都是非常必要的。通过检查该类报告，审计署认为国家水资源办公室将以其确认的墨累－达令流域各集水区域作为编制单位，将每个集水区域的水资源使用、循环和交易视为一个组合的报告，可以从战略高度有效整合水资源管理。

年度水资源使用方案制定了年度水资源使用目标和未来潜在的水资源管理方案，

环境治理与国家审计

旨在为每一项水资源管理行动提供决策制定的指引范本。审计署采用统计抽样选出了 5 份年度水资源使用方案,从管理相关方参与计划制定的程度和分析方案确认的合理性,对样本进行了检查。在管理相关方参与计划制定的程度方面,审计署针对与 5 份年度水资源使用方案相关的 57 位相关方通过电话会议、电子邮件等方式进行了访谈。审计署发现,其中 32 位相关方是已包含在相关方登记簿中,但仍有 25 位相关方未登记在册。相关方管理的不完善对审计对象的完整性提出了挑战,尽快完善相关方登记管理也成为审计署对国家水资源办公室提出改进建议之一。在水资源使用方案确认方面,审计署从资源的可实现性、条件的适用性和方案之间的优劣性等方面来审查。审计署认为,国家水资源办公室能将水资源使用方案的确定与资源的可实现性挂钩,充分考虑不同集水区域不同水流入量、不同储水量等因素,来因地制宜地制定水资源使用方案,能根据统一的标准去衡量不同的水资源使用方案。但不足的是没有针对不同集水区域的具体情况排列出适用的优先水资源使用方案及其原因,没有更好地识别方案之间的优劣关系等。

环境水资源提案是国家水资源办公室更多考虑了墨累 - 达令流域目前的状况,结合年度水资源利用方案制定的。审计署选取了 5 个集水区域的 20 份水资源提案相关文件,检查了环境水资源提案与年度水资源使用方案的关联性、具体的水资源管理目标和其可实现性、风险评估、水资源提案制定中相关方的参与程度等方面。通过样本推断总体,审计署认为,国家水资源办公室较好地做到了在抽查的每份提案相关文件中包含风险评估,从而能更有效地展开管理,但在水资源提案制定中相关方的参与度方面仍有欠缺。在抽查的文件中披露相关方参与的信息很少,建议其在提案中更多包含相关方咨询以及提案建议的论述,从而更好地保证相关方对提案实施支持。同时,审计署建议应更明确环境水资源提案与年度水资源使用方案对应性,更好地为国家水资源办公室管理决策的制定提供清晰的思路。

(四)流域供水调配审计

根据流域的气候、生态等变化,在遵循各州法律法规的前提下,国家水资源办公室联合供水调配合作方、河道经营者向墨累 - 达令流域各区域调配水资源,以保证河道、湿地等充足的水流。① 审计署从供水调配安排的合理性、供水调配监管的有效性、水资源调配记录的准确性等方面进行了审计。

在供水调配安排的合理性方面,国家水资源办公室制定了详细的计划,明确了通

---

① ANAO. Environmental Audit: A Commonwealth Perspective [R]. (2017-3).

过各州政府机构、私营企业、河道经营者等协助供水调配的各种情形,有效地将国家水资源办公室在供水调配中可能独自面临的法律风险、经营风险进行了分解和降低。审计署认为国家水资源办公室制定了合理的供水调配安排,保证了联邦水资源合理、有效的利用。

在供水调配监管方面,审计署通过检查国家水资源办公室在各项供水调配完成后,是否在2~3个月内收到了最终供水调配报告,以便于其及时监管、发现并解决问题。审计署发现,首先,在格式的使用上各州并不统一,维多利亚州和南澳大利亚州统一使用了国家水资源办公室制定的模板起草报告,但新南威尔士州却使用自己州制定的模板,在报告信息中遗漏了某些关键信息,如调配方案、调配目标等,不利于监督和管理。其次,就报告内容方面,报告存在没有充分说明供水调配合作方监督的方式、生态效应反馈的缺失、风险管理描述的缺失、供水质量结果的披露不充分等问题。最后,在报告时效性方面,有1/3的被抽查报告,违反了在一项供水调配项目完成后2~3个月内提交的时间规定。时效性的欠缺不利于国家水资源办公室及时应对和解决调查报告中提及的问题,影响其对水资源调配的管理和监督。

在水资源调配记录方面,审计署抽查了相关的调配记录文档,发现国家水资源办公室未保留部分水资源调配记录。与此同时,对于水资源项目调配完成后,仍由供水调配合作方控制,未返还给国家水资源办公室的剩余水资源的记录及其相关的内部控制措施仍有待进一步完善。[①]

(五)监督与评价

国家水资源办公室引入了一套集监督、评价、报告、改善于一体的管理流程,便于其监督与评价流域的管理工作。该流程适用于复杂多变的流域管理,用于评估管理的影响、适用性、有效性、合法性和可计量性。审计署从监督与评价环境水资源管理生态影响、管理流程的实施、开发战略等方面进行审计。

在监督与评价环境水资源管理生态影响方面。国家水资源办公室以每项水资源管理活动为单位,从水资源管理活动前后水的质量、流域生物数量、植物种类和健康状况、动物群落繁衍情况等变化来实施监督。从2014年7月开始,国家水资源办公室逐步开始从关注单项水资源管理活动的生态影响到关注流域重要地域长期的生态影响。通过抽查4份短期生态监督报告,审计署发现国家水资源办公室虽然在生态影响监督和评价方面有所作为,但仍存在缺乏明确的监督和评价战略,监督目标和监督成果之

---

① ANAO. The Audit Process [R]. (2017-7).

间对应关系不明晰,以及监督评价信息存储方式不利于信息共享等方面的问题,使其对监督与评价环境水资源管理生态影响的实施效果难以更进一步。

在管理流程的实施方面。国家水资源办公室在广泛征集管理相关方意见后,制定了实施框架指引,指导管理流程的具体应用。审计署检查了框架指引,认为国家水资源办公室制定的管理流程框架是值得肯定的,但在管理流程的具体执行方案制定中有关风险评估和应对规划的延迟制定,增大了顺利执行管理流程的风险系数。

第五节 环境治理的国家审计域外经验

一、审计法规体系完备

不断完善的法规体系是环境审计得以深入开展的重要保障,尤其在相关法律法规中明确审计机关的环境审计权限,奠定了环境审计开展的法律依据。其中,美国《国家环境政策法》明确"联邦政府负有责任,采取所有一切可行,且与国家政策的其他基本考虑相一致的措施,改进并协调联邦的计划、职能、方案与资源,以达到如下目的,即国家应:履行每一世代均应为其后代子孙的环境保管人的责任;保证为我国全体国人创造安全、健康、富生命力,并合乎美学及文化上优美的环境……"明确的政府环境保护责任,成为审计机关评价政府履责的依据和标准。同时,美国已搭建较为完备的环境审计制度,《政府机构、计划、项目、活动和职责的审计准则》和《黄皮书:联邦市政环境执行指南》是环境审计的专门标准,详尽地阐述了环境审计主体的责任分工、环境审计的对象、环境审计计划的编制、环境审计的风险评估与应对、环境审计报告的形式及传递使用方面的内容。美国审计署在环境审计及其监督方面制定了具体的操作指南,为环境审计提供了有力的法律保障。[1]

另外,加拿大也非常具有代表性。《联邦审计长法》明确联邦审计署有权"检查联邦政府部门、机构和皇家公司是否遵循了环境和有关环境的政策、法规;检查联邦政府机构是否行使了对环境主管部门的监测作用;检查在联邦政府部门、机构和皇家公司内部,是否制定了相应的环境管理系统和责任制度。在可行的情况下,检查这些机构向议会和公众公开的关于所开展的项目的环境影响的信息是否完整、相关、可信、

---

[1] 邱玉红,邱改红,戴红霞.中美环境审计比较研究[J].财政监督,2011(23):70–71.

易懂，同时在这些信息中还应包括工作目标的确定和完成期限以及没有达到目标或遵守完成期限的后果处理情况"。① 加拿大还在多伦多成立了由加拿大联邦、省级、市级审计机关、内部审计组织等组成的非正式组织——"环境审计体系"，为分享环境审计建议、推进环境审计实施、促进意见交流等搭建了平台，环境审计的实施效果得到了进一步加强。

二、审计内容范围丰富

世界审计组织《审计准则》第1.0.36条强调，无论作出何种安排，最高审计机关的基本职能是维护和促进公共责任。环境审计的最终落脚点在于促进政府及所属部门环境保护责任的履行。从世界审计组织调查结果来看，各国最高审计机关认为环境审计工作中最重要的前三位分别是：执行环境立法情况（占受调查的最高审计机关67%）、环境规划绩效（占受调查的最高审计机关57%）、执行环境政策情况（占受调查的最高审计机关54%）。② 最高审计机关认为环境审计对政府部门的影响主要表现为评估其制定和执行环境政策和规划的能力，促进其制定环境指标、采取产生绩效的措施、建立监管体系或了解评估环境政策的其他政策信息处理情况，推动建立环境管理体系，以及制定环境法律或环境政策和规划。例如，荷兰环境审计涵盖了财务审计、合规性审计以及绩效审计，以政策评估为主线，向上延伸至政府及有关部门政策履职情况的管理审计，向下延伸至依据环境政策分配的财政专项支出以及形成的公共投资项目的绩效审计，③ 并强调对单位及个人的问责——有关当事人会被追究责任乃至引咎辞职。美国审计署审计环境政策绩效，不是仅关注政策执行的某一个时点情况，或某一个方面、领域，而是全过程、系统性、延续地审计整个政策的执行。美国尼克松总统在1970年1月的就职演说中宣布70年代将是"绿色十年"，1970—1979年，美国审计署的247份与空气污染治理以及《清洁空气法》执行相关的审计报告，在推动国家空气污染治理方面取得了重大成果。再以澳大利亚为例，鉴于环境审计是一门跨学科的交叉领域，环境绩效审计的开展内容也顺应了该领域的特点，不仅未限于对资金使用和环境合规性等方面从会计和法律方面进行审计，还将审计内容拓展到社会科学、自然科学的方方面面，融合企业经营、环境工程、项目管理、法律法规、财务绩效等

---

① 审计署外事司.各国环境审计论文选集[C].北京：中国审计出版社，1996：50.
② 陈希晖，席颖俊，王雨薇.WGEA第十次全球性环境审计调查结果与启示[J].《审计观察》，2022（4）：50-55.
③ 黄溶冰，王丽艳.环境审计在碳减排中的应用：案例与启示[J].中央财经大学学报，2011（8）：86-90.

跨领域管理理念。而这一审计范围和内容的拓展也使得环境审计的执行和发展不会囿于某一领域或分支学科目前发展的瓶颈而停滞不前。澳大利亚审计署从九个方面重点审计了该国核算和报告温室气体的相关流程。为评估环境和能源部在编制和报告澳大利亚温室气体排放估计和预测方面工作安排的有效性，审计署审计了国家排放清单报告和预测报告的编制过程，包括报告环节的管理过程，以及各子部门（这些子部门每年温室气体排放量累计超过50%）数据样本的汇总和处理过程。① 总体来看，国外在环境审计的范围和内容方面都涉及国家的重要资源资产以及对环境的影响评估，并依据实际情况，发展其特色的环境审计。②

三、审计实施体系综合

由于环境问题成因、影响的日益复杂，环境管理体系也向整体化趋势发展，环境审计覆盖范围越发广泛，牵涉众多的政府部门和利益相关者。审计机关在强调自身独立性的同时，越来越注重与立法机关、政府部门、社会组织以及与利益相关者的合作，以提高审计质量、最大限度地运用审计成果。例如，荷兰审计法院的范围覆盖工业、能源、交通、农业等领域，并与住房、空间规划与环境部（环境管理局属于下设机构）、交通和水利管理部以及农业、自然管理和渔业部展开跨部门、多领域的联合审计；美国审计署在环境审计过程中，尤其注重与环境政策的制定者、执行者以及相关的政策评估机构和部门密切合作，相互借鉴和利用已经存在的数据和评估结果，并相互跟踪评估建议的采纳和落实情况。另外，成熟审计方法体系是保证环境审计结论和成果科学性、准确性和有效性的重要保障。③ 以美国为例，美国审计署已基本形成以效果型评估模型、经济型评估模型、专业型评估模型和过程型评估模型为核心的评估模型体系，以及问卷调查法、横向对比法、未来趋势预测法、量化历史责任法、成本收益法、成本效果法、政策分析法以及综合评估分析法在内的较为全面的审计方法体系。④ 在具体环境审计实践中，美国审计署根据项目的具体情况，综合采用多种政策评估模型以及审计方法，以保证能够有效地满足审计目标的要求，客观、科学地评价政策执行的绩效以及政府职责的履行情况。

---

① 张艳芳，陈楠，倪东生. 澳大利亚核算与报告温室气体排放的审计实践及其借鉴［J］. 财会通讯，2022（5）：151-155，161.
② 骆良彬，史金鑫. 政府环境审计的国际经验及其启示［J］. 亚太经济，2019（6）：74-79，146.
③ 路广. 荷兰环境审计法律制度的经验与启示［J］. 南京审计学院学报，2011（1）：86-91.
④ 曲炜. 中国政府环境审计创新：基于可持续发展的视角［D］. 北京：中国政法大学，2013.

四、审计成果运用良好

审计成果运用是环境审计取得预期效果的重要组成部分。审计成果不加以运用，再准确的审计意见也只是一纸空谈，因此，权威、有效的环境审计必须通过机制设计促进环境行为的合法履行，实现环境审计结果的运用。以澳大利亚审计署为例，其官方网站向社会公众公布的有关墨累-达令流域环境审计绩效报告，不仅让社会各界对国家该流域治理工作取得的成绩和反映的不足有了充分的了解，还在一定程度上让社会公众对国家水资源办公室的整改起到了监督执行的作用。墨累-达令流域环境审计项目值得我们关注的不仅限于环境审计报告作为审计成果的反映，从报告中更反映出澳大利亚在流域管理和治理理念的与时俱进和前瞻性。在流域管理和监督时效性方面，国家水资源办公室规定在各项供水调配完成后的 2～3 个月内需收到来自供水合作方的最终供水调配报告，以便于其及时监管、发现并解决问题。在流域长期跟踪治理方面，在进行资源环境审计时通常面临如水环境污染治理问题的长期性等方面的问题。在墨累-达令流域管理方面，首先管理当局从年度规划制定开始就考虑到治理的长期性，不仅制定了当年的年度规划，还制定了中长期的规划，并在规划中包含了对各集水区域未来情况的预测信息，以更好地指导流域当下管理工作的开展。其次，在流域治理后期监督和评价方面，国家水资源办公室从 2014 年开始也逐步开始从关注单项水资源管理活动的生态影响到关注流域重要地域长期的生态影响。这些管理的方式和内容均体现了澳大利亚国家水资源办公室在流域管理中长期跟踪规划和管理的理念。相应的，在澳大利亚审计署开展环境审计时也重视相同流域长期跟踪审计的开展，针对墨累-达令流域，审计署就分别在 2010—2011 年度以及 2012—2013 年度连续开展环境审计，并在 2012—2013 年度开展的环境绩效审计中对上年度审计改进建议的执行情况进行回访，比较当年和以前年度流域管理的改进之处，以此督促被审计对象持续完善和改进自身管理中的不足。

第五章　环境治理与国家审计的创新选择

　　党的二十大报告强调,"中国式现代化是人与自然和谐共生的现代化。人与自然是生命共同体,无止境地向自然索取甚至破坏自然必然会遭到大自然的报复。我们坚持可持续发展,坚持节约优先、保护优先、自然恢复为主的方针,像保护眼睛一样保护自然和生态环境,坚定不移走生产发展、生活富裕、生态良好的文明发展道路,实现中华民族永续发展。"渐进的政策制度变迁能够避免严重的决策失误。通过考察政策制度实施的效应,决策者能够评估所采取行动的正确与否。在此基础上,能够决定是继续贯彻实施一定的政策制度,还是及时调整方向与内容。[1]在历史的长期演进过程中,逐渐发展下来的这些原则、目标和治理工具,往往反映着不同的社会利益要求和愿望,满足着不同的政策制度需求,对于一个社会的有效治理,都具有不可或缺的价值意义。[2]实际上,审计体制机制本身无所谓"最好""最劣"之分,只要适合于本国国情,能真正发挥经济监督和制衡作用,就是行之有效的。[3]世界各国的国家审计制度属于政治体制的外在表现,是为政治架构、政治诉求所服务的。正如文硕所说,政治制度指导着国家审计,国家审计承载着政治制度。[4]我国环境审计制度模式的完善及其对政府环境保护责任的推动,取决于国家民主与法治建设的进一步加强、提升,取决于政府审计进一步的法治化与规范化,同时还依赖于社会政治、经济、法律、文化、道德及意识等诸多环境因素的发展情形。这些制度设置、模式搭建均不是一蹴而就的,尤其需要一个较长的时间和过程。中国式现代化,是中国共产党领导的社会主义现代化,既有各国现代化的共同特征,更有基于自己国情的中国特色。显然,我国与西方国家的经济、政治情况均不相同,唯有在不断实践中总结摸索,才能构架一套具有中国特色的现代环境审计制度体系。

---

[1] 米切尔·黑尧. 现代国家的政策过程[M]. 赵成根,译. 北京:中国青年出版社,2004:85-86.
[2] 赵成根. 新公共管理改革:不断塑造新的平衡[M]. 北京:北京大学出版社,2007:25.
[3] 中国审计学会. 审计论文选集[G]. 北京:中国时代经济出版社,2005:509.
[4] 文硕. 世界审计史[M]. 2版. 北京:企业管理出版社,1996:195.

第一节　坚持党对环境审计的领导

自党的十八大以来,党和国家高度关注国家审计的发展,专门颁布了相关政策文件。2014 年颁布的《国务院关于加强审计工作的意见》、2015 年中共中央办公厅、国务院办公厅颁布的《关于完善审计制度若干重大问题的框架意见》均旨在保障审计机关依法独立行使审计监督权,形成与国家治理体系和治理能力现代化相适应的审计监督机制,更好地发挥审计在党和国家监督体系中的重要作用。此外,在党的全国代表大会和全体会议中多次提及审计监督,如表 5-1 所示,虽然不同阶段对审计具体要求有所不同,但是都适应了当时党和国家的中心工作,要求审计服务于党和国家建设发展的大局,这使审计监督的地位得到了明显提高,为审计监督指明了正确的方向。[①]2021 年 10 月,《审计法》的重大修正内容之一就是增加"坚持中国共产党对审计工作的领导",从法制化层面确立了审计监督的政治属性和受党领导的特质。

表 5-1　党的十八大以来历次全国代表大会和全体会议关于审计的内容

会议名称	文件名称	关于审计的内容
党的十八大	《坚定不移沿着中国特色社会主义道路前进　为全面建成小康社会而奋斗》	五、坚持走中国特色社会主义政治发展道路和推进政治体制改革 (六)健全权力运行制约和监督体系。 健全质询、问责、经济责任审计、引咎辞职、罢免等制度
党的十八届三中全会	《中共中央关于全面深化改革若干重大问题的决定》	十、强化权力运行制约和监督体系 (35)形成科学有效的权力制约和协调机制。 加强和改进对主要领导干部行使权力的制约和监督,加强行政监察和审计监督。 十四、加快生态文明制度建设 (52)划定生态保护红线。 探索编制自然资源资产负债表,对领导干部实行自然资源资产离任审计。建立生态环境损害责任终身追究制

---

① 王凌智.党代表大会报告对审计的要求及启示:基于党的十三大到十九大报告的分析[J].中国内部审计,2022(5):81-85.

续表

会议名称	文件名称	关于审计的内容
党的十八届四中全会	《中共中央关于全面推进依法治国若干重大问题的决定》	三、深入推进依法行政,加快建设法治政府 (五)强化对行政权力的制约和监督。 加强党内监督、人大监督、民主监督、行政监督、司法监督、审计监督、社会监督、舆论监督制度建设,努力形成科学有效的权力运行制约和监督体系,增强监督合力和实效。 完善审计制度,保障依法独立行使审计监督权。对公共资金、国有资产、国有资源和领导干部履行经济责任情况实行审计全覆盖。强化上级审计机关对下级审计机关的领导。探索省以下地方审计机关人财物统一管理。推进审计职业化建设
党的十八届五中全会	《中共中央关于制定国民经济和社会发展第十三个五年规划的建议》	五、坚持绿色发展,着力改善生态环境 (二)加快建设主体功能区。 以市县级行政区为单元,建立由空间规划、用途管制、领导干部自然资源资产离任审计、差异化绩效考核等构成的空间治理体系
党的十九大	《决胜全面建成小康社会 夺取新时代中国特色社会主义伟大胜利》	十三、坚定不移全面从严治党,不断提高党的执政能力和领导水平 (七)健全党和国家监督体系。 改革审计管理体制,完善统计体制。构建党统一指挥、全面覆盖、权威高效的监督体系,把党内监督同国家机关监督、民主监督、司法监督、群众监督、舆论监督贯通起来,增强监督合力
党的十九届三中全会	《中共中央关于深化党和国家机构改革的决定》	三、完善坚持党的全面领导的制度 (一)建立健全党对重大工作的领导体制机制。 加强和优化党对深化改革、依法治国、经济、农业农村、纪检监察、组织、宣传思想文化、国家安全、政法、统战、民族宗教、教育、科技、网信、外交、审计等工作的领导。 四、优化政府机构设置和职能配置 (一)合理配置宏观管理部门职能。 构建统一高效审计监督体系,实现全覆盖。 七、推进机构编制法定化 (三)加大机构编制违纪违法行为查处力度。 完善机构编制同纪检监察机关和组织人事、审计等部门的协作联动机制,形成监督检查合力

续表

会议名称	文件名称	关于审计的内容
党的十九届三中全会	《深化党和国家机构改革方案》	（三）组建中央审计委员会。为加强党中央对审计工作的领导，构建集中统一、全面覆盖、权威高效的审计监督体系，更好发挥审计监督作用，组建中央审计委员会，作为党中央决策议事协调机构。 主要职责是，研究提出并组织实施在审计领域坚持党的领导、加强党的建设方针政策，审议审计监督重大政策和改革方案，审议年度中央预算执行和其他财政支出情况审计报告，审议决策审计监督其他重大事项等。 中央审计委员会办公室设在审计署。 （三十三）优化审计署职责。 改革审计管理体制，保障依法独立行使审计监督权，是健全党和国家监督体系的重要内容。为整合审计监督力量，减少职责交叉分散，避免重复检查和监督盲区，增强监督效能，将国家发展和改革委员会的重大项目稽察、财政部的中央预算执行情况和其他财政收支情况的监督检查、国务院国有资产监督管理委员会的国有企业领导干部经济责任审计和国有重点大型企业监事会的职责划入审计署，相应对派出审计监督力量进行整合优化，构建统一高效审计监督体系。 不再设立国有重点大型企业监事会
党的十九届四中全会	《中共中央关于坚持和完善中国特色社会主义制度 推进国家治理体系和治理能力现代化若干重大问题的决定》	十、坚持和完善生态文明制度体系，促进人与自然和谐共生 （四）严明生态环境保护责任制度。 开展领导干部自然资源资产离任审计。 十四、坚持和完善党和国家监督体系，强化对权力运行的制约和监督 （一）健全党和国家监督制度。 健全人大监督、民主监督、行政监督、司法监督、群众监督、舆论监督制度，发挥审计监督、统计监督职能作用

领导干部自然资源资产离任审计作为环境审计的一种类型，积极开展各项工作。自2015年以来，按照党中央、国务院决策部署和《开展领导干部自然资源资产离任审计试点方案》（厅字〔2015〕32号）要求，各地围绕建立规范的领导干部自然资源资产离任审计制度逐步开展试点工作。2015年在湖南省娄底市实施了领导干部自然资源资产离任审计试点；2016年在河北省、内蒙古呼伦贝尔市等40个地区开展了审计试点；2017年上半年对山西省等9省（市）党委和政府主要领导干部进行了审计试点。审计试点连续围绕"审什么、怎么审、如何进行评价"进行了积极探索和经验总结。中共中央于2018年3月印发的《深化党和国家机构改革方案》明确组建中央审计委员

会，其目的在于加强党中央对审计工作的领导，构建集中统一、全面覆盖、权威高效的审计监督体系。

实际上，领导干部自然资源资产离任审计鲜明地贯彻了党的领导。《领导干部自然资源资产离任审计规定（试行）》要求审计机关应当依照干部管理权限，根据组织部门委托，确定领导干部自然资源资产离任审计计划。在审计结束后，审计意见除了向被审计领导干部及其所在地区、部门（单位）出具外，还应当向委托的组织部门提交。同时，审计机关还应当向党中央及本级党委报告领导干部自然资源资产离任审计情况。可见，在领导干部自然资源离任审计实施过程中，从最初审计计划安排到最后审计结果报告，均贯彻了党的领导原则。审计机关不仅是国家机关，更是政治机关，[①]因此，必须牢牢把握审计机关是政治机关、是党的工作部门的定位，服从和服务于"党统一指挥"的党和国家监督体系。中央和各级审计委员会的设立，重塑了审计领导体制，充分遵循了党对审计监督的集中统一领导，体现了党对审计事业的高度重视。[②]自从2018年审计管理体制改革以来，审计署已经开始严格执行向党中央请示报告制度，每年都向中央审计委员会汇报中央预算执行审计情况及其整改情况。这些都说明审计机关具有鲜明的政治性，突出了加强政治建设。[③]

党的十九大报告指出："党的领导是人民当家作主和依法治国的根本保证，人民当家作主是社会主义民主政治的本质特征，依法治国是党领导人民治理国家的基本方式，三者统一于我国社会主义民主政治伟大实践。"党的二十大报告再次明确："把党的领导落实到党和国家事业各领域各方面各环节，……确保我国社会主义现代化建设正确方向。"独立性是审计监督的灵魂，是审计监督赖以存在与发展的基石。在新时代中国特色社会主义制度体系中，加强党对审计监督工作的全面领导是坚持依法独立审计和民主问责的根本保障。[④]中央审计委员会的组建，不仅强化顶层设计和统筹协调，保障了审计监督的权威性、法治性和独立性，而且通过审计职能的合并重组，进一步提高审计监督的科学性、专业性和全面性。同时，拓宽公众参与审计监督的制度化渠道，从而实现党领导审计监督、审计机关依法实施审计监督和人民民主广泛参与审计监督的有机统一。健全党和国家监督体系、组建中央审计委员会恰恰为审计监督的有效发

---

① 胡泽君.努力开创新时代审计工作新局面[J].求是，2018（13）：5-7.
② 孙宝厚.关于新时代中国特色社会主义国家审计若干问题的思考[J].审计研究，2018（4）：3-6.
③ 上官泽明，刘力云.我国国家审计工作特征研究：基于党的十八大以来全国审计工作会议报告的分析[J].审计与经济研究，2021，36（3）：12-20.
④ 高晓霞.论党和国家监督体系中的审计监督：政治逻辑、治理功能与行动路向[J].江海学刊，2018（6）：122-128，255.

挥创造了必不可少的政治（权力）与组织保障：[①] 审计在党中央强有力的支持下，紧紧围绕党和政府的中心工作和任务，最大限度地履行好监督职责；及时向中央报告在审计时发现的带倾向性、普遍性的问题，从而引起党和政府的高度重视，有利于审计成果的转换与相应问题的解决。

第二节 明确环境审计的法治目标

世界审计组织《利马宣言——审计规划指南》被称作"政府审计大宪章"，对国际现代政府审计的整体发展、世界审计组织的机构壮大以及各国最高审计机关的作用发挥，具有不可估量的引领和指导意义。可以说，《利马宣言——审计规划指南》直接推动了"审计入宪"——"最高审计机关的建立及其独立性的程度应在宪法中予以规定"的归纳，成为世界审计组织持续关注的全球政府审计发展最为核心的制度性构想。[②] 为回应"审计入宪"的提议，政府审计制度于1982年正式在我国《宪法》中确立。政府审计自此具备了宪法与法治基础：法治为政府审计提供体系保障，规范审计行为，提高审计质量；政府审计实施权力监督、制约，加快国家的法治进程，促进依法治国战略深化。2013年，世界审计组织第二十一届大会在北京召开，通过的《北京宣言——最高审计机关促进良治》，回顾了世界审计组织过去60年的发展历程，总结了各成员最高审计机关的实践经验。大会认为：促进国家良治，从而实现社会、经济和环境的可持续发展，是世界各国政府和公民的共同诉求。作为国家治理不可分割的组成部分，政府审计依法履行其职责，客观公正地进行监督、鉴证、评价和建议，以供国家决策者制定政策和开展规划所用。最高审计机关可以通过增强透明度、落实问责制、提高绩效、打击腐败，进而实现国家良治，促进公平。

党的十八届四中全会发布的《中共中央关于全面推进依法治国若干重大问题的决定》提出"强化对行政权力的制约和监督。加强党内监督、人大监督、民主监督、行政监督、司法监督、审计监督、社会监督、舆论监督制度建设，努力形成科学有效的权力运行制约和监督体系，增强监督合力和实效"，"完善审计制度，保障依法独立行使审计监督权。对公共资金、国有资产、国有资源和领导干部履行经济责任情况实行

---

① 杨肃昌. 对组建中央审计委员会的几点认识［J］. 财会月刊，2018（20）：3-7.
② 周维培. "审计入宪"的演变路径及意义［J］. 审计与经济研究，2017，32（4）：1-7.

审计全覆盖"。党的十九届四中全会发布的《中共中央关于坚持和完善中国特色社会主义制度 推进国家治理体系和治理能力现代化若干重大问题的决定》再次要求"健全党和国家监督制度……健全人大监督、民主监督、行政监督、司法监督、群众监督、舆论监督制度，发挥审计监督、统计监督职能作用"。

  在全面依法治国背景下，审计机关行使任何职权行为均必须契合法治要求。无论是"体制性问题"，还是"长效机制"，政府审计务必具备维护法治的权威依据——依法审计。《审计署贯彻落实〈法治政府建设实施纲要（2015—2020年）〉实施方案》明确提出了审计法治建设的32项主要任务和具体措施。审计署《"十三五"国家审计工作发展规划》提出审计工作的基本原则之一在于"坚持依法审计。树立法治理念，强化法治思维，做到审计程序合法、审计方式遵法、审计标准依法、审计保障用法。严格遵循宪法和基本法律法规，以是否符合中央决定精神和重大改革方向作为审计定性判断的标准"。主要任务之一在于"着力推动依法治国。审计中要围绕全面依法治国的重大部署，始终关注法律法规的执行情况，揭示有法不依、执法不严等问题，促进依法行政；反映法律法规不适应、不衔接、不配套等问题，提出加强法治建设的意见建议，促进加快建设法治经济和法治社会"。《"十四五"国家审计工作发展规划》要求"坚持依法审计、客观公正。依法全面履行审计监督职责，始终做到法定职责必须为、法无授权不可为，聚焦主责主业，依照法定职责、权限和程序行使审计监督权"。而《审计署关于加强资源环境审计工作的意见》提出"建立和完善资源环境审计工作规范。各级审计机关要在审计实践的基础上，积极总结审计实践经验，制定和完善资源环境审计发展规划，研究制定资源环境审计工作指南，以及其他适合本地区、本部门的资源环境审计工作规范，不断促进资源环境审计工作的制度化、规范化"。《领导干部自然资源资产离任审计规定（试行）》第2条第2款规定："审计机关开展领导干部自然资源资产离任审计适用本规定。本规定未明确的，依照《中华人民共和国审计法》、《中华人民共和国审计法实施条例》和其他有关法律法规的规定执行。"

  可见，环境审计与依法治国密不可分，也需要坚持依法审计。国外一些国家也同样坚持依法审计原则。1866年，英国《国库和审计部法》获得议会通过，标志着英国国家审计受到法治主义的认可，也宣告审计制度在世界上第一个宪政国家的诞生。美国1984年《单一审计法案》的颁布，其目的在于通过法治的力量为国家审计的进一步规范奠定基础，例如，确保联邦部门与机构依靠并运用审计；为审计联邦财务拨款制定统一要求；改进州与地方对联邦财务拨款项目的监督、管理；提高审计资源的使用效率与效果。只有把法治作为社会控制的根本准则，才能使宪法目的得以实现。"人类法治演进历史同样证明，只有社会生活的各方面都以法治为依归，法治才由理论探讨演变为实践选择,进而才会有宪政法律秩序"。^①法治之于国家审计的重要意义在于:保障被审计单位的合法权益、保障国家审计的正常秩序、约束国家审计机关自身的权力。一般说来,宪法规定国家审计的地位和作用,专门法律规定国家审计的职责、权限、任务、目的、机构和人员及程序;国家审计准则主要规定国家审计的范围、目的和操作程序、具体审计行为的规范等。[②]当然,依法治国首先是依宪治国,依法审计首先是依宪审计,我们要实事求是地直面宪法关于审计规定在当前的不适应性。充分认识这种不适应对依法审计的重大影响,开始考虑研究和着手解决这一问题。[③]

从 2016—2019 年审计署法治政府建设报告来看,如表 5-2 所示,均认为距离建成法治政府部门存在差距,尤其法规制度体系不够完善。因此,亟须加强审计法制建设等基础工作,充分贯彻法治目标体系。而作为贯彻依法审计全过程、体现自身目标定位的《审计法》立法宗旨——"为了加强国家的审计监督,维护国家财政经济秩序,提高财政资金使用效益,促进廉政建设,保障国民经济和社会健康发展",并没有更好地体现法治目标。例如,"廉政建设"首先难以涵盖国家审计对权力进行长效监督的目标,难以发挥宪法赋予审计的经济监督权能,[④]使得在廉政要求之外,政府的高效、民主期望难以实现。而在立法技术方面,"廉政建设"与"国民经济和社会健康发展"并非处于同一层次,且不具有明确法律内涵,两者更接近政治和日常生活中的用语,"政治生活和日常用语具有任意性和不确定性,因其宽泛而容易产生歧义,应当尽可能用具有严格性和确定性的法律语言来矫正"。[⑤]民主越发展,审计权威性越高,审计越能发挥作用。[⑥]"促进民主政治建设"与"保障国民经济和社会健康发展"属于统一抽象层次的概念表述。建议将"促进廉政建设"的内涵加以拓展,表述为"促进民主政治建设",与"保障国民经济和社会健康发展"一起构成对审计法价值功能和社会作用的完整、科学表达。[⑦]

---

① 肖北庚.宪政法律秩序论[M].北京:中国人民公安大学出版社,2002:62.
② 李季泽.国家审计的法理[M].北京:中国时代经济出版社,2004:169.
③ 董大胜.党领导下的新中国审计法制演进与思考[J].审计研究,2021(5):3-8.
④ 李金华.中国审计 25 年回顾与展望[M].北京:人民出版社,2008:96.
⑤ 刘爱龙.立法的伦理分析[M].北京:法律出版社,2008:296.
⑥ 徐伟强.追根溯源话"审计"[J].审计文摘,2008(9):116.
⑦ 胡智强.论我国审计法目的条款之完善:兼及审计法立法宗旨的拓展性分析[J].法律科学(西北政法大学学报),2010,28(4):133-141.

表 5-2　2016—2019 年审计署法治政府建设报告有关审计法制的表述

年份	文件名称	主要问题	改进建议
2016 年	《审计署 2016 年度法治政府建设情况报告》	距离建成法治政府部门还存在一定差距,主要是依法行政制度体系还不够完善,制度执行还不够到位,严格依法审计的意识和能力还有待加强	进一步加强审计法制建设;坚持依法审计、实事求是;进一步提高依法审计的意识和能力
2017 年	《审计署 2017 年度法治政府建设情况报告》	距离建成法治政府部门还存在一定差距,主要是依法行政制度体系不够完善,严格依法审计的意识需要进一步加强	加强审计法规制度体系建设;提高依法审计意识
2018 年	—	—	—
2019 年	《审计署关于 2019 年度法治政府建设情况的报告》	法治审计机关建设虽然取得了一些成绩,但还存在一些不足,主要是面对新形势新要求,审计法律规范体系还不够完善,审计人员依法审计能力还有待进一步增强	坚持以习近平新时代中国特色社会主义思想为指导,坚持党中央对审计工作的集中统一领导,依法全面履行审计监督职责,大力推进审计全覆盖,更好地发挥审计监督职能作用;不断完善审计法律规范体系,建立健全规范高效的审计管理制度和执行机制;扎实开展审计法治宣传教育,不断提高审计人员依法审计的意识和能力,全面推进法治审计机关建设

第三节　引入环境审计的公平价值

公平实现的关键在于将利益以一种正当的程序分配给社会成员。环境公平同样是一种"分配正义",是一项贯穿于立法、执法和司法中的民主和法治原则,强调了民众在环境决策中的广泛、积极和有效的参与,以及立法、决策、执法和司法的民主化、法律化和制度化。由于环境治理已经不仅仅局限于环境问题本身,而是上升到环境权益的公正分配,这是基于目前环境的严峻形势,"生存环境权益""生产环境权益"和"发展环境权益"之间矛盾依然突出,如果环境权益无法得到公正的分配,也必然会导致社会利益分配不公正,从而导致经济、社会难以可持续发展。但经济、社会必须建立在可持续的基础上,这与理性的利益追求和欲望的无限膨胀等非理性因素之间形成了"二律背反"。要求人们与生态环境隔绝是不现实的,因此需要制定规范以界定人类与自然之间的"度",实现法治的生态和形态辩证统一,其核心在于价值选择。环境问题引发的危机从根本上说是价值选择的危机,使人类获得更深层次的价值理念是环境保护及现代性问题缓解中最基础的。公平乃法律制度的最高追求,换句话说,法律就是用以防止不公平的集体性暴力手段。[①] 只有通过与环境相互和谐的状态改变人们的价值观念,生态环境才能得到真正的保护,从而使环境公平成为环境审计制度所追求的现代目标。

审计实质上是国家依法用权力监督制约权力的行为,其本质是现代化国家治理体系中的一个内生的具有预防、揭示和抵御功能的"免疫系统"。[②] 就环境审计作为环境治理的一种工具而言,审计活动体现了理性的行为方式,审计与公平总是相互关联的。[③] 例如,环境审计以环境问题导向,注重从公平性、正义性实施评价,并通过揭露和查处相关问题提出审计建议,尤其关注政府环境保护责任的履行情况,以权力监督为主线,注重实行查处问题与促进发展、分析原因与推进改革、促进整改与推动问责一体化,揭示风险与维护安全、促进公平正义与推进民主法治一体化。[④] 可以说,环境审计的公平价值不仅是实体性公平,即将保护环境权益、惩治环境违法作为根本原则,也是程序性公平及审计主体、规程和功能等符合法律法规。[⑤]

西方国家的最高审计机关已经逐渐将促进环境正义作为环境审计的价值追求,其中较为典型的就是美国。美国环境保护局自2010年开始将确保人人享有环境正义作为其首要任务,力求实现在制定、实施、执行环境法律、规章与政策时,确保人人享受公正的待遇并且能有意义地参与,而不分种族、肤色、原国籍或收入水平。与此同时,美国审计署对环境正义问题也极为重视,一直积极对开展环境保护政策实施情况的审计。早在1983年,美国审计署就发现,美国南方一些州的黑人虽然人口比例仅占到20%,但全州却有3/4的工业有毒废料填埋场设在黑人社区附近。2005年以来,美国审计署先后3次审计环境保护局,并提出措辞严厉的建议。例如,2005年,美国审计署重点针对《空气清洁法案》中与环境正义有关的汽油、柴油和臭氧等三项规则的制定过程展开调查。审计发现,在三项规则的起草和颁布过程中,文件起草小组成员没能把环境正义理念完全贯穿其中,这主要在于环境保护局对文件起草小组成员缺乏

---

① 巴斯夏. 财产、法律与政府:巴斯夏政治经济学文萃[M]. 秋风,译. 贵阳:贵州人民出版社,2004:122.
② 刘家义. 论国家治理与国家审计[J]. 中国社会科学,2012(6):60-72.
③ 赵欢春. 审计正义及其凸现[J]. 审计与经济研究,2007(5):26-30.
④ 赵昊东,赵景涛. 公平正义综合指数对国家审计的启示[J]. 审计研究,2016(3):71-76.
⑤ 潘施琴. 国家治理视阈下的国家审计正义价值探析[J]. 商业会计,2016(17):28-29,27.

引导，也缺乏适当培训。而且，三项规则在起草后，虽然社会各界提出了许多条改进建议，但环境保护局并没有借此对规则的内容进行完善。针对问题，美国审计署建议提高文件起草小组成员的环境正义意识，重视社会各方的合理诉求。2007年审计延续了2005年审计的基本思路，美国审计署主要关注对所提审计建议的执行情况。环境保护局反馈说明，一些领域正在不断完善各种程序，已经取得快速进步。[1]

2011年11月，美国审计署发布《环境正义：环境保护局需采取进一步行动 以帮助确保有效实施》审计报告。审计署审查了环境保护局相关战略文件，询问了相关机构人员和包括国家环境正义咨询委员会、环境正义跨部门工作小组在内的关键利益相关方，选择性审查了6个联邦战略规划。美国审计署指出，环境保护局尚未完全建立一项明确的环境正义战略，以界定其关键条款或识别它需要的资源从而执行计划；尚未明确解释各个州在正在进行规划和环境正义整合过程中所扮演的角色；尚未针对9个实施计划中的8个开发绩效指标，通过跟踪机构对环境正义的推进情况。因此，环境保护局尚无法确保为自身、利益相关方以及公众建立起指导和评估实现环境正义目标的有效体系。[2]随后，美国审计署提出，环境保护局应当确立一项明确环境正义的关键条款的战略；实施资源评估活动；明确界定各个州在不间断的计划和未来实施目标中的角色；开发绩效指标以跟踪机构符合环境正义目标的推进情况。

从上述内容可以看出，第一，环境公平推动审计关注污染中的"生活者"。审计可以通过实地观察、深度访谈等方式，深入了解生活在污染环境中社会公众的情况，作为反映和评价当地政府环境保护责任的重要路径之一。同时，采取相应的政策措施来干预，避免和减少未来的环境群体性事件和社会冲突，降低因环境造成的社会风险。第二，环境公平推动审计关注环境问题的不平衡性。环境审计需要关注到资源环境问题的不平衡性，发现所在地区最需要解决的资源环境问题、最需要化解的生态环境风险隐患、最需要改善的生态环境短板等。[3]鉴于环境问题本身的不平衡特征，审计需要贯彻该思路，不仅能够有针对性地评价环境保护责任，而且可以帮助聚焦、分析和揭示环境领域的体制机制性障碍。第三，环境公正能够推动审计关注当地发展。环境审计对环境公平的考量，能够促进当地在人与自然、社会与自然、人与人的关系等层面上公平正义的发展，在目标上要落实到人与自然和谐共生的现代化建设，以及形成保护环境的空间格局、产业结构、生产方式、生活方式。

---

[1] 陈军，刘西友.美国的环境正义实践对我国的启示与借鉴[J].中共贵州省委党校学报，2014（3）：105-107.
[2] 曲炜.中国政府环境审计创新：基于可持续发展的视角[D].北京：中国政法大学，2013.
[3] 郭鹏飞.环境公正视角下的资源环境审计[J].审计观察，2018（3）：60-63.

第四节　改进环境审计的立法结构

任何一个规范性法律文件都是由若干部分组成的整体。这些组成部分的有机搭配和有序排列，就是法律文件的结构，简称法律体系结构。① 环境审计体系的立法结构关乎环境审计法律法规的质量、成本以及运行效率。合理地安排环境审计体系立法结构，有助于正确适用和解释环境审计法律，降低立法和执法成本。环境审计体系在立法结构上存在欠缺，会严重阻碍环境审计的发展，合理构造我国环境审计体系立法的结构，是未来进行环境审计补充立法所面临的重大课题。立法结构不仅要考虑社会客观实际的要求，还要考虑法律体系自身的要求，不仅要注意立法的现实状态，还要注意立法的目标等理想内容。② 协调统一、相互配套的法律体系，是各个方面、各个层次立法的共同成果。

第一，在纵向结构方面，提升立法层级。我国关于环境审计的规定主要是以政策形式出现，审计依据游离于法律边缘，审计的范围、内容、程序、方法等都未真正制度化，使得有关环境审计的法规得不到落实。例如，于2009年出台的《审计署关于加强资源环境审计工作的意见》属于部门规范性文件，效力层级较低，难以从整体上协调审计、环境以及其他部门实施展开环境管理的工作，也难以有效地保障环境管理的整体效果。但环境审计工作的有效实施必须以法律作为坚强的保障，法律能以其稳定性、强制性、统一性等，保障审计监督的真正实现。因此，有必要通过补充和加强环境审计立法来弥补缺陷，完善环境审计体系的立法层级结构。除《审计法》之外，应当逐步在环境单行法中明确环境审计内容。③ 以建立能源审计法律体系为例，在《中华人民共和国可再生能源法》《中华人民共和国循环经济促进法》《中华人民共和国节约能源法》《公共机构节能条例》《民用建筑节能条例》等相关法律法规中明确审计制度，同时规定具体的实施主体、客体、权利义务等内容，使其更加具有可操作性和可行性。④ 同时，在《中华人民共和国水法》《中华人民共和国水污染防治法》《中华人民

---

① 刘和海，李玉福. 立法学 [M]. 北京：中国检察出版社，2001：98.
② 汪永清. 立法结构均衡问题初探 [J]. 中国法学，1990（4）：44-49.
③ 胡耘通，何佳楠. 基于PSR模型的大气环境绩效审计评价指标体系设计 [J]. 统计与决策，2019，35（15）：61-64.
④ 叶晓丹. 我国环境审计立法初探 [J]. 长江大学学报（社会科学版），2008（4）：46-50.

共和国大气污染防治法》《中华人民共和国固体废物污染环境防治法》《中华人民共和国草原法》《中华人民共和国矿产资源法》《中华人民共和国海洋环境保护法》等相关自然资源保护和环境污染防治的法律法规中规定审计机关职责、权限、责任等条文。

第二，在横向结构方面，推动立法融合。目前，环境审计主要限定在对环境保护资金的财务审计领域，而《环境保护法》对环境审计的规定几乎处于空白状态。环境审计作为一种新型的审计类型，与环境保护有着千丝万缕的密切联系，尤其不应脱离《环境保护法》的规范。关于环境审计的横向立法，需要权衡《审计法》与《环境保护法》对环境审计规范的比重，合理设计规范条款，不仅仅在审计法律部门内进行修改和补充，而且应着重加强环境保护法律对环境审计的规定，不仅有对实体内容的规定，而且应加强程序实施条款。特别要注意制定一套能够反映经济、社会与环境发展水平的评价标准体系，例如，环境质量评价、森林覆盖增长率及企业清洁生产水平、空气环境质量变化、饮用水质量变化、环保投资增长率、群众性环境诉求数量等指标。[①] 结合审计署在内蒙古自治区呼伦贝尔市、浙江省湖州市、湖南省娄底市、贵州省赤水市、陕西省延安市开展自然资源资产负债表编制试点和领导干部自然资源资产离任审计试点的实际情况，可以看出缺乏具体的核算标准和评估方案，不利于审计工作的有效开展和效果提升，因此，颁布法规文件来设计整体核算标准和评价指标，各地区根据当地环境资源的实际情况出台地方性法规或者规章尤为重要。例如，《浙江省水土保持条例》将水土保持情况纳入资源环境保护审计范围，同时将该审计结果作为水土保持目标责任制考核重要依据。对县级政府部门的领导干部进行"水土流失责任终身追究制"，最终目标构建"生态环境损害责任终身追究制"。如果县级政府部门的领导干部没有严格履行保持水土良好状况的职责，使得地区水土遭到破坏的，那么上级政府则要追究主要和分管负责人的责任。江西省委办公厅、江西省政府办公厅印发的《关于开展领导干部自然资源资产离任审计的实施意见》（赣办字〔2017〕4号），明确了被审计对象的任职年限：任职1年以上、离职2年以内；被审计对象级别限定在市、县（区）、乡（镇）党政相关部门主要的领导干部。该项法规主要创新之处在于关注重点自然资源，着重于对代表性的资源资产情况开展审计工作，审计机关通过审计结果通报、依法追究党政部门主要领导干部的责任。贵州省出台的《贵州省市（州）党政领导班子工作实绩考核评价办法》，详细规定了领导干部多项考核指标，其中生态环境类的考核指标占总体指标的14%，总共有7项；并结合当地情况添加了针对未履行环境保护责任的6项扣分情形。因此，建议各省、自治区、直辖市根据自然资源实际情况，

---

① 高小平.政府生态管理［M］.北京：中国社会科学出版社，2007：113.

例如，沿海地区可以综合海洋资源资产，山地地区可以综合森林资源和矿产资源，沙漠地区可以综合石油资源，分别将自然资源资产列入审计范围，构建更具针对性的评价体系，[①]使环境审计有效提升政府的环境资源管理水平和效果，以此作为领导干部任免、奖惩、问责等绩效考核依据。具体来看，责任内容主要可以分为：环境资源开发利用情况、环境资源维护与保持情况、环境污染防护与治理情况、环境保护工程的建设与运营情况、环境资源项目资金管理与使用情况等。

第五节 搭建环境审计的协同机制

法治不同于法律，法治指的是使法律能"管用"的办法，是中立的。因此，法治视野下的中立要求各方参与者受到裁判者的平等对待：作为裁判者与接受法律结果的任何一方主体不得有利益或其他方面的联系。英国先后颁布的《国库和审计部法》《国库和审计部法修正案》《国家审计法》，为确保依法审计的法律基础及中立地位，要求国家审计署禁止其下属职员参与各级政党机构的政治活动，防止将党争观点和立场带入审计实体和程序中来。纵观我国《宪法》《审计法》的规定，审计机关实行双重领导——地方各级审计机关对本级人民政府和上一级审计机关负责并报告工作，审计业务以上一级审计机关领导为主。同时，1982年《关于中华人民共和国宪法修改草案的报告》阐明：国务院增设审计机关，依照法律规定独立行使审计监督权。地方各级人民政府也相应地设立审计机关。由于我国是初次设立审计机关，需要熟悉被监督单位的工作，逐步积累经验，因此设在国务院内由总理领导比较有利。[②]这在审计体制设置上是务实的，在政府系统内构建审计体系目的在于加强有效监督，这与新旧体制转轨时期的审计环境是相互适应的，且作用是明显的和行之有效的。[③]

制度变迁存在"路径依赖"问题，人类经验的偶然积累并经过能动选择后会形成一种有效的制度，但一种制度一旦形成，都会在一定时期内持续存在，自我肯定、自我强化，并影响其后的制度选择。[④]虽然在很长一段时间内，我国现行审计管理体制将

---

① 侯洪沄，孟志华，李璇.基于环境管理目标的政府绩效审计评价指标体系研究[J].新疆社会科学，2016（6）：36-39.
② 李金华.中国审计史（第3卷上）[M].北京：中国时代经济出版社，2005：47.
③ 魏昌东.中国国家审计权属性与重构[J].审计与经济研究，2010，25（2）：32-37.
④ 胡智强.论我国国家审计权的配置[J].安徽大学法律评论，2009（1）：56-62.

环境治理与国家审计

延续存在，但随着我国市场经济、社会发展的日趋成熟，政府亟须逐步减少微观干预、加强宏观调控，审计机关所承担的财政监督任务也必须进行调整，尤其因未能实现中立的法治要求已经暴露出各种问题。同级政府与上级审计机关的意见不一致，审计机关、审计人员该孰是孰非？显然，"双重领导"的制度设计本身存在一定的逻辑问题。[①]

中共中央于2018年3月发布《深化党和国家机构改革方案》，明确"组建中央审计委员会。为加强党中央对审计工作的领导，构建集中统一、全面覆盖、权威高效的审计监督体系，更好发挥审计监督作用，组建中央审计委员会，作为党中央决策议事协调机构。主要职责是，研究提出并组织实施在审计领域坚持党的领导、加强党的建设方针政策，审议审计监督重大政策和改革方案，审议年度中央预算执行和其他财政支出情况审计报告，审议决策审计监督其他重大事项等"。随后，地方各级审计委员会相继设立。审计管理体制由单纯的行政领导模式，转向了党政合体领导模式，既能够进一步加强党对国家审计工作的领导，也为向独立型国家审计体制转型提供了全新的思路和可能。[②] 实际上，作为一种新的监督资源整合范式，为了提高审计治理能力，各级审计委员会嵌入监督，为政府审计提供政治保障，为精准治理作出基础性保障安排，治理功效依赖于审计机关与审计委员会的协同。[③] 当然，将国家审计体制适时地向立法模式转变也成为选择之一。2006年出台的《中华人民共和国各级人民代表大会常务委员会监督法》的相关条款[④]为立法型审计体制提供了宪法性依据。具体来看，在各级人民代表大会内部设立专门的审计机构，负责对同级政府及其部门预算执行的审计，向同级人大和人大常委会负责并报告工作。只有审计机构独立于行政、司法等职能部门，只向最高权力机关负责，才能够最大限度地实现国家审计的中立性，尤其是摆脱行政机关在职责权限、人事任免、经费来源等方面的束缚，减少行政干预审计、政府"过滤"审计报告等问题，真正发挥国家审计的法治监督功能。

结合当下环境审计具体实施来说，我们比较了环境审计主体的四种改革方案（如表5-3）。方案一：由各级人民代表大会负责全国政府环境审计工作，各级审计机构为各级

---

① 周荣青，王生根. 论现代宪政理念与我国未来国家审计体制模式的选择：对近年来"屡审屡犯"问题的反思[J]. 河南商业高等专科学校学报，2008（1）：89-94.

② 厉国威，励雯翔. 中央审计委员会的成立与我国国家审计体制转型[J]. 财会通讯，2021（15）：14-18.

③ 雷俊生. 嵌入式治理视角下的监督资源整合：基于党委审计委员会的协同机制构建[J]. 学术论坛，2020，43（4）：69-75.

④ 例如，《中华人民共和国各级人民代表大会常务委员会监督法》第19条规定："常务委员会每年审查和批准决算的同时，听取和审议本级人民政府提出的审计机关关于上一年度预算执行和其他财政收支的审计工作报告。"

人大的派出机构,发挥人大对各级政府的监督职能。方案二:由国家审计机关负责政府环境审计工作。由各级审计机构建立专门的政府环境审计队伍,负责全国环境审计工作开展。方案三:由环保部门负责全国环境审计工作。各级环保部门成立专门的环境审计队伍,负责全国政府环境履责审计工作。方案四:由审计机构和环保部门联合开展政府环境审计工作,其中审计机构的主要职责是负责审计管理,包括编制审计计划、审计结果认定和公开发布等,环保部门负责政府环境审计工作技术实施,编制环境审计报告,督促环境审计责任落实等。综合来看,四种方案各有优缺点,从实施的角度看,由审计机关和环保部门联合开展环境审计工作具有较强的可行性,既能避免单独由环保部门负责环境审计工作容易受到各级政府干预的弊端,同时由环保部门负责环境审计技术实施,也解决了目前环境审计队伍缺乏的困境。从制度转换的角度来看,由审计机关和环保部门联合开展环境审计具有较低的制度转换成本。由于环境资源的特殊性,环境管理的参与部门不仅一个,需要审计机关建立与生态环境部门及其他资源环境管理部门的协同合作机制,并在信息、技术、人员、设备等方面相互支持、通力合作。① 为了便于环境审计制度建设工作的开展,可以从结构和框架上建立指导,如图 5-1 所示,结合审计署和生态环境部的工作,对环境审计的最终目的和审计职责进行划分。②

表 5-3 环境审计实施主体改革方案比较

改革方案	审计主体	独立性	审计队伍与制度转换成本
方案一	由各级人民代表大会负责全国环境审计工作	审计机构具有较强的独立性、审计实施不易受各级政府干预;能够充分发挥人大对政府的监督	缺乏专业的环境审计队伍,制度转换成本较高
方案二	由审计机构负责政府环境审计工作	审计机构具有一定的独立性,审计实施可能会受到各级政府的干预	缺乏专业的环境审计队伍,制度转换成本较高
方案三	由环境保护部门负责环境审计工作	审计机构的独立性不高,审计实施易受各级政府干预	有专业的环境审计队伍,制度转换成本较低
方案四	由审计机构和环境保护部门联合开展	审计机构具有一定的独立性,审计实施可能受各级政府干预	有专业的审计队伍支持,制度转换成本较低

---

① 李璐.水环境审计研究[M].北京:经济科学出版社,2020:116.
② 郝春旭,葛察忠,董战峰,等.中国环境审计制度建设框架与路线图[J].中国注册会计师,2018(3):85-89,3.

环境治理与国家审计

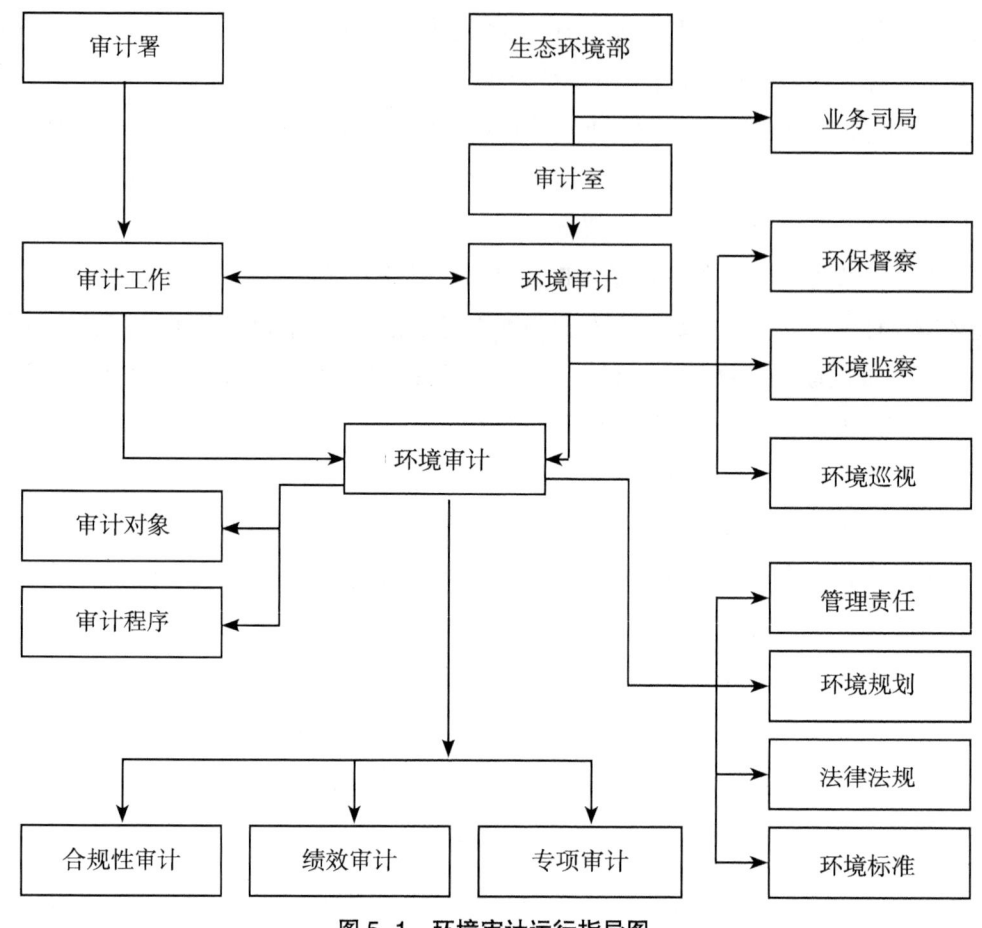

图 5-1 环境审计运行指导图

此外，在具体审计项目实施过程中，贯通《党政主要领导干部和国有企事业单位主要领导人员经济责任审计规定》与《领导干部自然资源资产离任审计规定（试行）》有关内容，[①]统筹实现经济责任审计与自然资源资产离任审计对领导干部责任履行的协同监督。经济责任审计与自然资源资产离任审计的协同，能够突破经济责任与环境责任相互分离的审计思维，编制双重责任履行评价的审计计划，确定共同工作目标，融合审计程序与步骤，以形式的联审实现内容的契合。[②] 审计机关综合领导干部经济和环境责任的履行情况，揭露其决策失误、管理不力等履职不当行为造成的生态环境损失，将对领导干部查处的经济发展和环境保护问题反映在同一份审计报告中，充分披露经

[①] 《领导干部自然资源资产离任审计规定（试行）》第 6 条规定：审计机关在组织审计时，应当坚持以开展领导干部自然资源资产离任审计为主，采取独立实施方式，也可以与领导干部经济责任审计统筹实施，由同一审计组一并审计。

[②] 李兆东，李振覃. 国家审计促进生态环境治理现代化的制度保障与实现路径［J］. 财会月刊, 2022（14）: 116-121.

济发展与环境治理中的失职行为,以确保审计工作的系统性、完整性。

第六节 优化环境审计的法规内容

制度环境是一个社会最基本的制度规则,是决定其他制度安排的基础性制度。[①] 审计规范乃审计主体在审计工作中应当遵循的业务标准和行为准则,不仅是实现国家审计目标的重要因素,[②] 还是国家治理所需要遵循的基础准则。目前,我国已经形成审计法律法规、审计准则(含质量控制)与审计职业道德(含后续教育准则)等完整、系统的国家审计规范体系。2021年修正的《审计法》[③]、2010年修订的《审计法实施条例》,为国家审计参与环境治理提供了较为完备的法规依据。随着我国经济社会的飞速发展,审计规范体系仍存在一定不足,尚需完善以强化治理功能的发挥。具体来说,可从以下几个方面着手:第一,完善审计法律法规与其他法律的衔接。由于审计立法起步较晚,各种审计法规、准则方面还存在不完善的地方,尤其是与其他法律、法规,如与合同法律制度、诉讼法律制度之间的衔接,妥善解决与这些法律、法规的衔接问题,不仅关系到审计机关与其他执法机关的权限问题,也关系到审计机关和其他执法机关如何将法律法规落到实处、共同维护法律的尊严。第二,强化审计执法手段。关于审计决定的执行问题,《审计法》及《审计法实施条例》中仅规定:被审计单位应当执行审计决定。被审计单位未按规定期限和要求执行审计决定的,审计机关应当责令执行;仍不执行的,申请人民法院强制执行。至于如何处罚不执行审计决定的行为则无明确规定,而且缺乏行之有效的手段强制被审计对象执行。例如,通过立法建立审计决定执行的责任追究制度,对拒不执行审计决定的单位和个人进行处罚;通过立法规范对被审计对象和有关部门配合、支持审计工作的行为,树立审计监督的权威力度。人们普遍接受的是,公共部门治理涵盖了用以指导组织活动的政策和程序,应该能够合理保证目标的实现,保证其以道德和负责的方式运行,从而减少腐败风险的产生。[④]

---

① 诺思.制度变迁的理论:概念与成因[M]//科斯.财产权利与制度变迁:产权学派与新制度学派译文集[M].刘守英,译.上海:上海三联出版社,2002:13.

② 尤家荣.审计规范论[M].上海:上海三联出版社,2002:2.

③ 2021年10月,第十三届全国人民代表大会常务委员会第三十一次会议修正的《审计法》第58条规定:"领导干部经济责任审计和自然资源资产离任审计,依照本法和国家有关规定执行。"

④ FUKUYAMA F. What is governance? Governance:An international journal of policy [J]. Administration & Institutions,2013(3):347-368.

环境治理与国家审计

早在 2008 年,云南省昆明市就以政府规章的形式颁布了《昆明市政府环保审计办法》,这是在全国范围内第一部关于环境保护的政府规章,具有相当的前瞻性和科学性。但遗憾的是,在其运行了 12 年后,昆明市政府将其废止。① 该办法首先明确了政府环保审计的概念,即"审计机关对本级各部门(含直属单位)和下级政府环保资金预算的执行情况、环保专项资金、政府投资的环保建设项目和领导干部任期环保经济责任等进行的审计"。并确定了环保审计的主要内容包括"执行环保政策的情况;落实环保目标责任的情况;环保经费和专项资金安排、管理、使用及效益情况;污染防治工作情况;其他应当审计的事项,依照有关法律、法规或者相关规定实施"。应当说,该办法与环境保护部 2015 年发布的《关于开展政府环境审计试点工作的通知》的内容具有很多相近性,基本涵盖了政府环境履责合规性审计、履责绩效审计、履责财务审计。② 与当前广泛展开的领导干部自然资源资产离任审计定位、内容并不完全一致。

针对环境审计制度规范而言,应当在《审计法》和《环境保护法》中列入相关法律内容。《审计法》规定了审计机关各项审计基本内容和审计原则,其中包括促进社会国民经济健康发展,即保证社会可持续发展。这就要求审计机关利用审计职权揭露影响国民经济可持续发展的要素,从而抵御阻碍因素,预防党政责任部门领导干部资源资产过度消耗,敦促树立法治思维进行环境工作。《环境保护法》主要作用在于调整人们在进行生产、生活时与生态环境的社会关系,把经济快速发展对生态环境的影响降到最低,以维护人与自然和谐共处,同时也是建设生态文明的需要。具体来说,建议

---

① 《昆明市政府环保审计办法》(昆明市人民政府公告第 41 号)于 2008 年 11 月 11 日昆明市人民政府第 105 次常务会议通过,自 2009 年 2 月 2 日起施行。但昆明市政府于 2021 年 12 月废止了该办法,理由是:与工作实际不符,且工作内容已被中共中央办公厅、国务院办公厅印发的《领导干部自然资源资产离任审计规定(试行)》。

② 2015 年《关于开展政府环境审计试点工作的通知》决定在甘肃省兰州市开展环境审计试点。试点工作主要内容有:一是开展政府环境履责合规性审计。主要审计兰州市政府落实国家和上级政府有关环境保护的法律法规、环境标准、环境规划和政策的基本情况。包括是否制定环境保护目标并将目标分解到相关部门,目标指标是否具体和可考核;针对环境目标落实是否建立实时监测监控和灵活的调整机制;是否给予环境统计和监测、执法监察部门充足的资源保障和行动能力;是否预见到环境政策实施过程中可能面临的风险并建立风险控制和应急体系;是否建立环境目标、环境规划和政策实施后评估机制等。二是开展政府环境履责绩效审计。主要审计兰州市政府环境履责成效,包括是否形成有效的环境监管能力和污染治理能力;主要污染物排放量是否降低;环境质量是否得到切实改善;在上述各领域是否达到相关规划和政策的预期目标;规划和政策的实施是否具有较高的效益费用比等。三是开展政府环境履责财务审计。主要针对用于兰州市的专项环保资金,从资金管理使用的合法合规性、资金收支的真实性和资金使用绩效三个方面开展政府环境履责财务审计。重点审计资金使用绩效,具体包括资金投入所形成的污染治理能力及产生的减排量、所形成的环境监管能力,资金绩效是否达到相关规划和政策目标要求等。

《审计法》作如下修改：审计机关按照国家有关规定，对国家机关和依法属于审计机关审计监督对象的其他单位的主要负责人，在任职期间对本地区、本部门或者本单位的财政收支、财务收支，有关经济责任以及有关自然资源资产管理责任的履行情况，进行审计监督。为使环境审计制度得到全方位整体呼应，建议将《环境保护法》第26条修改为：国家实行环境保护目标责任制和考核评价制度。县级以上人民政府应当实施环境保护审计，将环境保护目标完成情况纳入对本级人民政府负有环境保护监督管理职责的部门及其负责人和下级人民政府及其负责人的考核内容，作为对其考核评价的重要依据。当然，环境审计还应与"问责"制度、目标管理和绩效考核体系结合起来，使政策导向明晰，解除政府环境审计结果在干部任用等方面运用的限制，减小涉及多部门结果运用的实施难度，使环境审计结果的运用有法可依、运用充分、公开透明。

在此基础上，制定出台政府环境审计工作指南，[①] 在《中华人民共和国国家审计准则》的基本框架之下，针对环境审计的特点，提出涵盖组织形式、审计内容、审计程序和评价指标体系等主要内容的具体指引。[②] 以评价指标体系为例，建立统一的环境审计评价指标体系是提高审计公正性和权威性，降低审计风险的需要，亦是相关指南的必要内容。[③] 该体系的建设应基于全国范围的数据分析和各行业部门的协调评审，并可借鉴国际通用指标和外国政府已制定施行的指标。构成此体系的评价指标应具有以下特性：一是相关性，指标要关系到被审计对象所期望完成的某项特定职能、任务或结果，围绕环境审计需要达成的目标来制定。二是权威性，设立的指标应有权威性的标准来源，例如，国内法律、法规、规章、规定，国际协议，政策指令，约束性准则（包括技术、程序和质量标准等），实务规范，等等。三是可理解性，指标能够清晰地描述所评判的内容，不会造成误解。四是可衡量性，指标由能够被适当的证据独立地加以证明的信息构成，客观地反映在完成职能、任务或结果的过程中一些可衡量的特征。

---

① 佚名.试点地区政府环境审计技术指南（试行）[J].环境经济，2015（8）：11.
② 耿建新，牛红军.关于制定我国政府环境审计准则的建议和设想[J].审计研究，2007（4）：8-14.
③ 徐薇.我国政府环境审计的立法构想[J].思想战线，2015，41（4）：146-149.

第七节　构造环境审计的正当程序

法治实践的构筑不仅需要实体正义的充实，同样也需要程序理性的维护，正是程序决定了理性法治与恣意人治之间的重大差别。所谓程序理性是指行为是适当考虑的结果，该行为就是程序理性的，因此，行为的程序理性取决于它的产生过程；它强调的是行为机制（程序）的理性，而不是结果，结果总是一定行为程序的成果。只要保证了行为程序的理性，结果就是可以接受的。在不确定的环境下，人们无法准确地预测未来，从而也就无法按照实质理性的方式采取行动，只能依靠采用某一理性的程序来减少不确定性，因此，应以程序理性替代实质理性（结果理性）。程序的理念在于程序具有独立的价值，程序必须得到人们绝对的尊重。程序公平强调的不是程序的道德性层面，而是程序本身所具有的独特的道德内容。存在有关形成结果的程序公平性的标准，只要这种公平的程序得到人们恰当的遵守和实际的执行，由它产生的结果就应被视为是正确和正当的。① 程序理性的价值是通过对恣意的限制和对理性的选择来保证实现的，② 程序的统一性和程序的自治性能使人们的选择更富成效并得到预期结果。

正当的理性程序不同于传统意义上的手续（只是上下级之间的纵向程式，表现为下级向上级汇报审批，上级监督下级的单向手续），通过对不同角色的参与者程序性权利义务的分配，形成一种分工上的制约与平衡，达到参与者之间的"交涉"与"反思"，从而把实体规则转化为程序约束。可见，国家审计要取得公平、公正、合理、科学的结果必须以正当的程序设计为前提，以保证最低限度的公正。③ 正当程序要求以确定、可靠和明确的认知为基础而非随机选择，但与此相悖的是，虽然法律法规规定了我国国家审计程序应当遵循的条款，但过于粗放的规范设置导致我国审计工作的实施随意性较大。其实，即便在信仰程序至上的美国，审计权力也曾出现非公正性甚至腐败的事件，使审计权力的权威性受到质疑和挑战，审计权力逐步走向"世俗"导致了审计质量以及审计实体正义的"公正偏离"。

对国家审计的整个体系而言，审计自身的特性决定了审计的程序正义。在审计活

---

① 罗尔斯.正义论[M].何怀宏，等译.北京：中国社会科学出版社，1988：82.
② 季卫东.法律程序的意义[M].北京：中国法制出版社，2012：22.
③ 王锡锌.正当法律程序与"最低限度的公正"：基于行政程序角度之考察[J].法学评论，2002（2）：23-29.

动中，普通的审计结果（审计报告）的使用者受制于成本收益原则和"搭便车"的内在冲动，不可能对审计活动进行全方位的监督，同时审计决策的主观判断的特点也导致了审计结果标准的多元化，这些都使得结果公平判断失效，只能依助于程序的公平。这时，结果公平完全取决于程序公平。审计是建立在判断基础上的决策，这意味着要涉及许多不确定性的因素，社会公众就可能对其屈从于管理者意志的可能性提出疑问，这种估价和判断容易为审计人员与管理当局合谋提供自由裁量的空间，从而助长恣意妄为行为。这就必须借助于程序的公正对这种行为加以控制——主要通过程序的自治与独立性来实现。国家审计准则属于一种公共契约，包含了法定、必要程序，一旦发生纠纷，社会公众将认可把该类契约作为判断审计活动正当性和合法性的依据，程序公平会使具有理性能力的人更加理解程序本身和裁决结果，从而更愿意接受裁决结果，减轻"深口袋"责任负担。① 环境审计不仅要对环境治理能力和水平进行评价，而且要在发现和指出问题的基础上提出有效的政策建议，从而促进国家实现更好的公平正义。② 审计工作具有很强的专业性、针对性，在一定程度上也有赖于审计人员的经验和判断。审计机关对审计工作操作流程一直在不断研究和完善，最大限度地让具有不同知识背景和不同经验阅历的审计人员能够按照统一的审计程序开展工作，从而提高审计的效率和效果。③

在全面依法治国背景之下，我国亟须将程序正义达致法治诉求的基本途径。虽然具有不同的国情现实，但与实体法治相比，程序法治更具有移植的可能性。④ 因此，可借鉴美国的国家审计程序，完善我国国家审计程序的统一规范，主要包括以下内容：第一，项目计划，审计机关根据国家、地区形势和工作实际，事前安排一定时期的目标任务、内容重点、保证措施等，作出项目计划。第二，方案拟定，根据项目计划确定的审计事项组成审计组，向被审计对象送达审计通知书，每个审计组实施审计前应当进行审前调查，编制具体的实施方案。第三，现场实施，为了取得充分而适当的证据，审计人员通过审查凭证、账簿、报告以及有关文件、资料，检查现金、实物、有价证券，向有关单位和个人调查等，编写审计日记，编制工作底稿。第四，报告终结，审计组对审计事项实施审计后，征求被审计对象的意见，向审计机关提出审计组的审计报告。审计机关审议审计组的审计报告，提出附带处理意见的审计报告。

---

① 张杰，宗绪坤.论审计正义的理论内涵［J］.财会月刊，2007（14）：56-57.
② 赵昊东，赵景涛.公平正义综合指数对国家审计的启示［J］.审计研究，2016（3）：71-76.
③ 余玮.依法履职确保审计程序公正［N］.中国审计报，2016-08-10（7）.
④ 刘明超，翁启文.论国家审计的法治化［J］.国家行政学院学报，2006（1）：69-71.

环境治理与国家审计

规范的环境审计程序，能够大大提高环境审计服务生态环境保障的能力。[①]考察经济、社会、环境保护的需求和国家审计的目标可知，环境审计风险的大小程度直接体现"免疫系统"功能的发挥程度，更直接关系到国家决策风险与经济社会安全。在经济体制深刻变革、社会结构深刻变动、利益格局深刻调整、思想观念深刻变化的背景下，环境审计风险的范围和深度呈迅速扩大态势。但我国现行的审计程序造成了审计风险规制的困境，虽然《审计法》及《审计法实施条例》设有专章规定审计程序，但与风险的规制要求相比还存在较大差距。例如，审计程序具有明显的压力特征，即多是从依法行政的角度出发，受控权型行政法理念的影响非常明显；审计程序的风险规制功能不足，缺少对审计行为中交往理性的关注，较少考虑预防风险的程序设计。但风险程序的设置是一系列风险决策的前提，"在产生风险决策的每一个步骤上，都需要有一定的协商程序，这一程序必须有专家、政府和外行人士参加"[②]。因此，完善审计风险的规制程序，亟须多方参与，妥善处理以下情形：第一，实现程序中的权利平衡。审计程序转化的是审计法律制度中的权利和义务，体现的是审计机关、被审计对象及审计成果利用者之间的互动关系。因此，需要强化对被审计对象的权利配置，实现其权利与审计机关的权力大体均衡。第二，完善信息沟通程序。信息不对称既是审计产生的原因，也是审计风险产生的影响因素。[③]而信息沟通是解决信息不对称的主要手段，因此，需要通过增强程序规定的指示性——信息反馈、听证等，完善被审计对象的参与机制，加大被审计对象的信息沟通力度。

事实上，审计工作中充满了主观的职业判断，但是在对审计结果公平性的考察非常复杂、困难，对审计程序是否符合某种具体规范的检验又很难判断的情况下，只能转而考虑审计程序的设计是否符合程序公平的原则，以此来确定审计结果的公平性。[④]在审计工作中，更大可能实现的是程序公平而不是结果公平。有学者分析，公众对审计的期望相当于结果理性，而职业界将审计质量认定为"对审计准则的遵循程度"则更符合程序理性。结果审计质量与审计需求的联系更为紧密，能够更好地满足社会公众的审计需求；程序审计质量则更多地考虑审计人员自身能力的限制，有利于解除审

[①] 国凤兰，于雷.政府审计服务生态文明建设理论与实践[M].北京：中国铁道出版社，2018：118.

[②] 乌尔里希·贝克，安东尼·吉登斯，斯科特·拉什.自反性现代化：现代社会秩序中的政治、传统与美学[M].赵文书，译.北京：商务印书馆，2001：235.

[③] 雷俊生.政府审计风险的程序规制[J].行政法学研究，2011（3）：66-72.

[④] 张艳景.审计独立性的逆向思考：基于程序公平观[J].绿色财会，2010（2）：26-28.

计人员的责任，符合审计供给的利益。① 因此，审计程序除具有"为做出内容正确的审计结论或决定服务"的工具价值以外，② 还具有体现其尊重被审计单位以及公众权利的独立价值。作为一个独立系统，从具体内容角度分析审计程序，其除包括具体实施审计的工作流程以外，还应当包括对审计主体以及被审计对象程序权利、义务的规定以及相关程序保障原则、制度等系列内容。程序保障原则与制度健全对审计程序和结果的全面关注，从宏观层面增强了审计主体的独立意识、质量意识、风险意识，可以全方位提升审计质量，减少不必要的申请政府裁决、审计复议和行政诉讼等环节，同时又能确保审计工作的效率。③ 例如，《审计法》第15条规定："审计人员办理审计事项，与被审计单位或者审计事项有利害关系的，应当回避。"该条将审计人员回避的情形简单而笼统规定为：与被审计对象或者审计事项有"利害关系"，具体哪些情形为"利害关系"，并未进一步解释。而《审计机关审计听证规定》第9条第1款规定："当事人认为主持人或者书记员与本案有直接利害关系的，有权申请其回避并说明理由。"显然，《审计法》中"利害关系"与《审计机关审计听证规定》中"直接利害关系"的范围并不一样。建议将《审计法》第15条修改为：审计人员与被审计单位或审计事项具有利害关系，可能影响审计工作公正实施的，不得参加该项审计工作。并增加回避的具体情形，例如，审计人员或者近亲属参与被审计单位的经营、管理活动，可能影响审计的公正处理的应当回避。

第八节 提升环境审计的专业能力

环境审计发挥促进环境治理现代化的作用，并助力实现环境"善治"的目标，审计人员需要具备专业化的素质——专业胜任能力。一般意义上，专业胜任能力乃个体所拥有的、使其在岗位上取得业绩的特质，通常表现为与工作、业绩或者生活中其他重要成果直接相似或相关的知识、技能、特质或动机等因素。④ 世界审计组织提出，专

---

① 王芳，周红.政府审计质量的衡量研究：基于程序观和结果观的检验［J］.审计研究，2010（2）：24-29.

② 魏礼江.审计行政法［M］.北京：中国人事出版社，1993：99.

③ 胡玉霞，朱娟.国家审计程序的正当化研究［J］.西安财经学院学报，2016，29（2）：95-100.

④ MCCLELLAND D C. Testing for competence rather than for "intelligence".［J］. The American psychologist, 1973, 28（1）: 1-14.

环境治理与国家审计

业胜任能力包括知识、技能和经验等要素；国际会计师联合会认为，专业胜任能力包括专业知识、专业技能和专业价值、道德与态度。《审计法》第13条第1款规定："审计人员应当具备与其从事的审计工作相适应的专业知识和业务能力。"美国《政府审计准则》"一般准则"中将审计人员的胜任能力表述为："要求审计组织承担责任，保证每一项审计和鉴证业务是由整体上具备完成这项工作所必需的知识、技能和经验的人员来承担。"荷兰审计法院80%的审计人员拥有大学或更高学历，专业包括公共管理学、社会学、政治学、历史学、荷兰语学、法律、经济学、会计学、环境科学和工程学等，每年对审计人员进行专门的培训以不断更新知识结构。[①]加拿大环境控制组织成立环境认证委员会，通过制定环境审计师资格申请指南，对环境审计人员能力和执业水平进行认证，在教育方面要求获得工程学、自然科学、环境科学等方面的学位，在培训方面需要完成35小时培训。

环境审计涉及多种交叉学科知识，且需要定性、定量分析，专业性、技术性和综合性非常强。以高质量的低碳经济政策绩效审计为例，审计人员需要在管理、计量、统计、能源利用、能效分析、财务分析、环境保护、低碳生产等方面有充分的从业经验，方能深刻地理解低碳经济政策意图，并有能力运用各种专业知识和技术测定政策效果，对其作出深刻而中肯的判断和评价，来保证低碳经济政策绩效审计工作的质量。[②]国家审计的专业胜任能力，指国家审计机关及其人员所具备的在既定专业标准（职责、目标、任务、角色）下合格胜任工作的能力，它的高低事关国家审计监督功能的发挥程度。[③]根据能力要素法，国家审计人员的专业胜任能力框架要素主要包括专业知识、专业技能和专业品质。第一，专业知识，指审计人员应掌握各种核心知识的总称，这些知识主要体现审计的业务特性。美国《政府审计准则》规定，专业知识包括会计、统计、法律、工程、审计计划及方法、信息技术、公共管理、经济学、社会科学和精算学等。有研究基于281份调查表统计分析后认为，审计业务骨干应具备的知识，排在前六位的是：相关专业知识，审计知识，计算机、网络和系统安全，大数据知识，宏观政策知识，管理学知识，心理学知识。[④]因此，国家审计人员的专业知识应至少包括会计与审计知识、财政与金融知识、政策与法规知识、行政与管理知识、信

---

① 贺桂珍，吕永龙，王晓龙，等.荷兰的政府环境审计及其对中国的启示[J].审计研究，2006（1）：30-34，29.
② 李保伟.低碳经济政策的绩效审计[N].光明日报，2011-06-19（7）.
③ 宋夏云.国家审计人员的专业胜任能力[J].中国审计，2007（15）：42-44.
④ 刘力云，沈玲，王晓峥.新时代我国审计干部专业胜任能力框架研究：基于281份调查表的统计分析[J].审计研究，2019（1）：41-50.

息技术知识和案例知识等。第二,专业技能,指在审计环境中有效运用专业知识和彰显专业品质的各种能力总称。世界审计组织指出,绩效审计的核心技能包括分析能力、创造能力、接受能力、社交能力、职业操守能力、判断能力、承受能力、良好的口头和书面表达能力等。国家审计人员的专业技能包括智力能力、技术运用能力、人际关系能力、学习能力和应变能力等。第三,专业品质,是指显示审计人员属于某个专业领域之合格成员所需要的职业品性,主要包括各种行为守则和道德标准等内容。[①] 国家审计人员的专业品质,包括独立、客观、公正、保密、廉洁、公共责任、职业谨慎、追求卓越、相互尊重和遵纪守法等。国家审计人员专业胜任能力诸要素之间必须形成紧密联结:第一,专业知识是基础,为审计人员提供了实务操作时进行推理、分析和制定具体审计计划、实施审计计划的依据;第二,专业技能是核心,能够将专业知识更好地运用到审计工作,提高审计的质量;第三,专业品质是保证,审计人员专业品质的高低影响审计工作质量的好坏,更影响国家、社会的利益实现。

由于环境资源领域多、覆盖面广、专业性强、政策法规多、涉及管理部门多,且不断涌现新的领域和内容,因此审计常用定性表述,审计定性和处理处罚的法规适用呈现出一些有别于其他专业审计的特点,这要求审计人员更加严谨、专业。[②] 为提升专业胜任能力,必须加强环境审计人员的业务培训,尤其是复合型审计人才的培养更是重中之重,以符合我国审计署《"十四五"国家审计工作发展规划》中关于"加强审计干部队伍建设"的要求。传统观点认为,会计审计专业背景人员在审计工作中更能查出问题,但经过实证分析表明:经济类审计人员对审计财务效益影响更为显著。[③] 因此,环境审计人员培训不能只局限于会计审计专业知识,还应通过宏观经济培训、技能轮训等提高其宏观意识、综合素质。另外,为确保环境审计人员具备完成审计任务,达成环境治理目标所必需的专业胜任能力,可以对环境审计人员专业胜任能力进行评估,通过定义绩效标准、选取标准样本、收集分析数据信息、采用360度反馈的调查问卷进行验证,对于在评估过程中达不到胜任能力要求的,采取培训方式努力提高其专业胜任能力。另外,由于环境审计的任务越来越重,审计职能趋于多样性、审计工作趋于复杂性,且审计人员的心理需求都是内隐的,心理契约对审计人员的工作满意度有

---

① 宋夏云.政府绩效审计人员的专业胜任能力框架研究:基于宁波地区的调研[J].宁波大学学报(人文科学版),2011,24(5):72-76.
② 董战峰,郝春旭,葛察忠,等.中国环境审计进展报告(2018)[M].北京:中国环境出版集团,2019:4.
③ 马曙光.政府审计人员素质影响审计成果的实证研究[J].审计研究,2007(3):24-29.

重要的影响，①审计机关要识别审计人员的不同心理需求，通过合适的渠道与其进行有效沟通，从而更好地理解审计人员的心理需求，使审计人员具备较强的抗压能力，②尤其是需要增强自我管理的能力。

---

① 王士红，顾远东.国家审计人员心理契约、工作满意度与知识共享行为［J］.审计研究，2012（1）：48-54.

② 杨录强，王莹.审计专业胜任能力框架与人才培养策略研究［J］.商业会计，2021（12）：113-116.

第六章　环境治理与国家审计的实践例证
——基于河长制政策跟踪审计协同治理的考量

第一节　河长制政策的简要介绍

水资源一直是我国最重要且最匮乏的自然资源之一。1992年，联合国在巴西里约热内卢世界环境与发展大会通过的《21世纪议程》明确，水为生命一切方面之所需。在社会经济发展的背景下开发水资源的多部门性质，以及水资源对用水供应和卫生、农业、工业、城市发展、水力发电、内陆渔业、运输、娱乐、低平地管理和其他活动的多方面利益用途，都必须得到确认。[1]世界自然基金会全球淡水项目负责人吉米（Jimmy）认为："经济上的富有并不代表水资源充足。水资源必须在全球范围内得到高效利用。水资源的缺乏和污染正在变得越来越普遍，寻找解决方案有赖于富国和贫穷国家共同的努力。"[2]国务院印发的《水污染防治行动计划》指出，中国一些地区水环境质量差、水生态受损重、环境隐患多等问题十分突出，影响和损害群众健康，不利于经济社会持续发展。由于职能分离、部门壁垒、管理碎片化、协作不足，已经成为我国水治理长期以来面临的难题，因此在水资源危机、环境问题凸显的今天，完善水治理体系，保障国家水安全十分紧迫。[3]2021年底发布的《"十四五"水安全保障规划》提出，到2025年，水旱灾害防御能力、水资源节约集约安全利用能力、水资源优化配置能力、河湖生态保护治理能力进一步加强，国家水安全保障能力明显提升。

河长制是我国治理水资源环境的重大创新举措之一。根据2017年《浙江省河长制规定》，河长制是指在相应水域设立河长，由河长对其责任水域的治理、保护予以监督和协调，督促或者建议政府及相关主管部门履行法定职责、解决责任水域存在问题的体制和机制。河长制的目标在于实现各区域流域水污染治理工作的紧密衔接，系统化

---

[1]　联合国.21世纪议程［R/OL］.［2021-11-03］.https：//www.un.org/zh/documents/treaty/21 century.
[2]　李汶璟，柯昌润.水资源危机正在威胁发达国家［N］.中国绿色时报，2006-08-23（3）.
[3]　周建国，熊烨."河长制"：持续创新何以可能——基于政策文本和改革实践的双维度分析［J］.江苏社会科学，2017（4）：38-47.

环境治理与国家审计

流域水污染防治空间目标,进一步落实流域水污染防治工程、资金、任务和方向,将水污染防治目标与区域治理对象相结合,以实现流域水质与水环境的持续改善。① 较之于过去的领导督办制、环保问责制,河长制改革具有更加丰富的内涵,它的目标定位不局限于问责层面,而是以问责助力水治理制度的系统变革,是一场涉及职能分工整合、治理主体格局变迁、组织再造、政策工具调整的系统性变革。

早在2003年,浙江省长兴县为创建国家卫生城市,在卫生责任片区、道路、街道推出了片长、路长、里弄长,责任包干制的管理让城区面貌焕然一新。同年10月,长兴县委办要求对城区河流探索试行河长制,由时任水利局、环卫处负责人担任河长,对水系开展清淤、保洁等整治行动。2007年夏季,由于太湖水质恶化,加上不利的气象条件,导致太湖大面积蓝藻暴发,引发了江苏省无锡市的水危机。2007年8月,无锡市在我国正式实行河长制,② 由各级党政负责人分别担任64条河道的河长,加强污染物源头治理,负责督办河道水质改善工作。河长制实施后效果明显,无锡境内水功能区水质达标率从2007年的7.1%提高到2015年的44.4%,太湖水质也显著改善。2016年12月,中共中央办公厅、国务院办公厅印发了《关于全面推行河长制的意见》,全面建立省、市、县、乡四级河长体系,明确各级河长职责,并规定"将领导干部自然资源资产离任审计结果及整改情况作为考核的重要参考"。这表明"河长制"从地方政府制度创新上升为全国性水环境治理方略,也预示着"河长制"从一项应对危机的水治理举措向着常规、长效制度演进。③ 截至2018年6月底,全国31个省(自治区、直辖市)已全面建立河长制,共明确省、市、县、乡四级河长30多万名,另有29个省份设立村级河长76万多名。开展河湖"清四乱"(乱占、乱采、乱堆、乱建)专项行动、长江黄河岸线利用专项整治,集中清理整治河湖突出问题18.5万个,整治违建面积4000多万平方米,清除非法围堤1万多公里、河道内垃圾4000多万吨,清理非法占用岸线3万公里,打击非法采砂船1.1万多艘。全国地级及以上城市黑臭水体基本消除,2020年全国地表水Ⅰ到Ⅲ类水水质断面比例较2016年提高近16个百分点。④

---

① 胡耘通,樊雪.协同治理视角下河长制政策跟踪审计研究[J].会计之友,2022(1):132-137.
② 朱玫.河长制,发源于无锡,成长在全国[J].环境经济,2016(Z8):46-47.
③ 熊烨.跨域环境治理:一个"纵向-横向"机制的分析框架——以"河长制"为分析样本[J].北京社会科学,2017(5):108-116.
④ 李国英.全面推行河湖长制取得显著成效[N].人民日报,2021-12-08(14).

第二节　河长制政策跟踪审计的提出及实践归纳

一、河长制政策跟踪审计提出

2017年11月，中共中央办公厅、国务院办公厅印发《领导干部自然资源资产离任审计规定（试行）》，标志着环境资源审计工作全面铺开。如何构建符合自然资源资产审计特点的审计模式，是当前实务界和理论界关注的焦点。跨部门合作在政府工作中已普遍运用，尤其是在水资源污染防治领域，出现的困境已无法由单一部门机构去解决。因此，该类审计事项需要以审计目标实现为导向，以审计效率提升为核心，由各部门互相配合，构建起多主体之间的信息流通网络，各司其职、通力合作，以实现既定的政策目标，解决审计力量供需不等的现实难题。

河长制作为国家水资源管理保护政策体系的重要组成部分，目的在于服务水生态文明建设和促进水环境可持续发展。实施河长制政策跟踪审计其目的在于，对政府及相关部门、企业事业单位与水环境有关的资金、政策管理及环保产出等方面开展审计监督和审查评价，以揭露和调查对水资源浪费和破坏、水资产流失、水资源安全危害等重大问题，并从体制、机制和制度等方面分析原因，提出促进水资源环境保护和合理开发利用的审计建议。① 在《关于全面推行河长制的意见》中明确要求构建责任明确、协调有序、监管严格、保护有力的河湖管理保护机制，坚持党政领导、部门联动，并具体规定了各级河长在加强水资源保护、加强河湖水域岸线管理保护、加强水污染防治、加强水环境治理、加强水生态修复、加强执法监管等方面的主要任务。2017年11月，重庆市率先在全国出台《河长制执行情况审计工作方案》，对河长制执行情况审计工作目标、内容和重点、组织方式、技术手段以及具体分工等进行了明确和细化。目前，全国各地均以因地制宜的形式，开展河长制政策跟踪审计，并取得了一定阶段性的进展。从当前的审计实践看，与推行河长制密切相关的审计主要有五种，即财政专项资金审计、资源环境审计、政策措施落实审计、党政领导干部经济责任审计和领导干部自然资源资产离任审计。因此，河长制政策跟踪审计属于一种综合性的审计类型。

但由于河长制实施时间较短，关于河长制政策跟踪审计的专门性研究较少。陆晓

---

① 任敏."河长制"：一个中国政府流域治理跨部门协同的样本研究［J］.北京行政学院学报，2015（3）：25-31.

环境治理与国家审计

晖提出作为国家治理的重要组成部分，国家审计应促进全面推行河长制的真正落实，为国家的环境治理新政实施发挥应有的作用。[①] 卞毓宁建议建立河长审计评价综合指标，包括目标级（一级）指标，水质指标、河道指标、政策机制及执行指标、治理指标、资金指标、效果效益指标等方面的准则级（二级）指标，再对应建立 18 个具体评价（三级）指标。[②] 周芹芳等从整体上探讨了河长制水资源审计内容、审计方法与审计指标。[③] 另外，钟娜等[④]、张淳淳等[⑤] 分别总结了山东省青岛市城阳区河长制政策落实跟踪审计、浙江省杭州市河长制制度执行情况专项审计调查等经验，提出了大数据应用思路、统筹整合审计资源、实行部门区域联动等具体措施。

二、河长制政策跟踪审计的法规依据

河长制的实行不仅为政府治理环境创新了机制，也对审计监督提出了新的要求。《关于全面推行河长制的意见》明确"根据不同河湖存在的主要问题，实行差异化绩效评价考核，将领导干部自然资源资产离任审计结果及整改情况作为考核的重要参考"。应当说，《关于全面推行河长制的意见》在全国层面为审计监督提供了法规依据。此外，为了贯彻《关于全面推行河长制的意见》，多个省份也结合自身情况，制定了关于河长制的地方性法规或者规章，并明确了考核机制，如表 6-1 所示。例如，福建省政府于 2019 年 11 月实施了《福建省河长制规定》，其中明确："省、设区的市、县（市、区）应当建立河长制工作考评制度，制定河长年度考核考评和奖惩办法。考核内容包括组织体系、河长履职、水域治理、长效机制等方面。考核结果纳入政府绩效考评和领导干部自然资源资产离任审计。"综观其他地方性法规和规章，均明确了考核结果纳入或者作为"领导干部自然资源资产离任审计"的重要依据或重要内容。总体上，河长制政策跟踪审计基本建立起法规体系。

表 6-1　部分地区河长制政策跟踪审计的法规依据

名称	性质	实施时间	河长制考核机制
《海南省河长制湖长制规定》	地方性法规	2018 年 11 月 1 日	河长、湖长的考核按照国家和本省的有关规定执行

---

① 陆晓晖.审计加码"河长制"推动河长治[J].审计观察，2017（2）：46-48.
② 卞毓宁.基于 AHP 的河长制水资源审计评价指标研究[J].会计之友，2018（14）：100-106.
③ 周芹芳，付义勋，杨显武，等.河长制水资源审计若干问题研究[J].商业会计，2021（1）：37-40.
④ 钟娜，崔小钰，辛妮妮.向融合式审计数据式审计要效能：山东省青岛市城阳区审计局河长制政策落实跟踪审计实践探索[J].中国审计，2020（24）：55-57.
⑤ 张淳淳，楼婧婧.统筹整合审计资源 实行部门区域联动：浙江省杭州市河长制制度执行情况专项审计调查经验总结[J].中国审计，2020（24）：52-54.

续表

名称	性质	实施时间	河长制考核机制
《江西省实施河长制湖长制条例》	地方性法规	2019年1月1日	县级以上河长制湖长制工作机构每年应当组织相关责任单位对下级人民政府河长制湖长制工作开展情况进行考核。各级河长、湖长履职情况应当作为干部年度考核述职的重要内容。县级以上人民政府应当将河长制湖长制责任单位履职情况,纳入政府对部门的考核内容
《山南市实施河长制湖长制条例》	地方性法规	2019年9月1日	县级以上河长制湖长制工作机构应当每年组织相关责任单位对下级人民政府河长制湖长制工作开展情况进行考核,将考核结果以本级人民政府名义进行通报。县级以上人民政府应当将河长制湖长制责任单位履职情况,纳入政府对部门的考核内容。乡级以上河(湖)长履职情况应当作为领导干部年度考核述职的重要内容
《辽宁省河长湖长制条例》	地方性法规	2019年10月1日	省、市、县人民政府应当建立河长湖长制工作考核机制,对河长湖长制工作进行全面考核,并将考核结果作为领导干部综合考核评价以及自然资源资产离任审计的重要依据
《龙岩市实施河长制条例》	地方性法规	2020年5月1日	市、县两级河长制工作机构应当制定河长制年度考核工作方案,组织成员单位对下级河长制工作开展情况进行考核,将考核结果纳入政府绩效考核范围和领导干部自然资源资产离任审计的重要内容,并以本级人民政府名义进行通报
《重庆市河长制条例》	地方性法规	2021年1月1日	市、区县(自治县)应当建立和完善河长制考核制度,对河长履职情况、河长制实施情况进行考核。河长履职情况的考核结果作为领导干部综合考核评价和自然资源资产离任审计的重要依据
《福建省河长制规定》	地方政府规章	2019年11月1日	省、设区的市、县(市、区)应当建立河长制工作考评制度,制定河长年度考核考评和奖惩办法。考核内容包括组织体系、河长履职、水域治理、长效机制等方面。考核结果纳入政府绩效考评和领导干部自然资源资产离任审计
《西宁市河长制湖长制规定》	地方政府规章	2020年2月1日	市、县(区、园区)级河湖长制办公室应当组织相关责任单位对下级河湖长制工作开展情况进行督察检查及考核。河湖长履职情况应当作为干部年度考核述职的重要内容。市、县(区)人民政府应当将河湖长制责任单位履职情况,纳入目标考核内容

三、河长制政策跟踪审计的实施分析

截至2022年9月,本书收集了13份关于河长制政策跟踪审计的结果公告,如表6-2所示,包括两种类型:第一类,独立的专项审计调查。例如,《杭州市审计局关于

杭州市"河长制"制度执行情况专项审计调查结果的公告》[1]、南通市审计局《2017年至2019年市区河道整治管理情况专项审计调查结果公告》[2]等。上海市徐汇区、浦东新区、普陀区等也采取河道整治的专项审计调查，因河道整治属于河长制重要内容，因此本质上还属于河长制政策跟踪审计。第二类，纳入预算执行和其他财政收支情况审计。例如，济宁市兖州区、肇庆市端州区分别在区级预算执行和其他财政收支情况审计中报告了河长制政策跟踪审计的情况。

表6-2 部分地区河长制政策跟踪审计实施情况

文件名称	审计结果	主要问题	整改情况
《杭州市审计局关于杭州市"河长制"制度执行情况专项审计调查结果的公告》（杭审公告〔2019〕5号）	我市全力推进"河长制"工作，努力营造"绿水青山醉美杭州"。健全组织体系、创新制度建设，强化全民参与，实现民企联动，改善了民生，促进了相关产业转型升级。截至2017年底，我市已实现市级、区县（市）级、乡镇（街道）级、村（社区）级四级河长全覆盖，完成乡镇（街道）级以上河道"一河一档"，并在全省率先开展河湖清单化管理。全市共完成71条垃圾河、277条黑臭河治理，市区河道水质普遍改善1~2个类别；全市出境断面水质持续改善，省考核连续三年保持优秀	1."河长制"体制机制方面的问题。一是部分基层河长履职不到位。二是部分地区治水政策执行不到位。三是信息化系统运维管理不到位。2.水资源保护方面的问题。一是部分入河排污口设置监管不到位。二是个别企业未办理取水许可。3.河湖水域岸线管理保护方面的问题。一是水域占用审批不够到位。二是个别项目违规占用重要水域。三是部分河岸管理不到位。4.水污染防治方面的问题。一是个别企业废水违法直排河道。二是部分工地污水违规直排河道。三是部分生活污水等直排河道。5.农村生活污水处理设施方面的问题。一是部分农村生活污水处理设施出水合格率不高。二是部分农村生活污水处理设施超负荷运转。三是部分农村生活污水处理设施未安装监测设备。6.水利建设项目及资金方面的问题。一是部分项目存在质量问题。二是部分项目建设管理不到位。三是部分项目基本建设程序不到位	截至2019年2月底，92个问题已完成整改82个，已对责任单位行政处罚6起，罚款25.87万元；依法依规问责，已集体约谈1起，党内警告、通报批评2人；已出台《关于进一步加强河湖巡查工作的通知》等4项制度；对16家未办理入河排污口设置审核的单位进行了审核和补办；对9处未设置标识牌的入河排水口已全部增设到位；相关山塘、水库的违章建筑已拆除

---

[1] 杭州市审计局.杭州市审计局关于杭州市"河长制"制度执行情况专项审计调查结果的公告（杭审公告〔2019〕5号）[R/OL].（2022-09-10）.http://www.hangzhou.gov.cn/art/2019/7/1/art_1298985_35209948.html.

[2] 南通市审计局.2017年至2019年市区河道整治管理情况专项审计调查结果公告［2021年第1号（总第244号）］[R/OL].（2022-09-10）.http://www.nantong.gov.cn/ntsrmzf/sjgg/content/ba7fbeb3-4e3d-47dc-a471-ddaf7c4fa406.html.

续表

文件名称	审计结果	主要问题	整改情况
《广元市朝天区审计局对朝天区2019年河长制专项审计调查的结果公告》	朝天区委、区政府高度重视河长制工作，落实河长制工作积极主动，河长制运行较好，按时间节点实现了河长制的阶段目标	1.水污染防治和水环境治理方面。（1）已完工污水处理站（厂）运行机制不健全。（2）俞家村杨家湾垃圾填埋场垃圾裸露。2.河长制执行中资金管理使用方面。（1）由于项目规划设计不及时，造成不能正常开工项目4个（类）共7364万元。（2）区水利局对达到公开招标标准项目采用比选方式招标，涉及2个（类）项目金额共4052.06万元	审计发现问题的整改结果由河长办向社会公告
《广元市利州区河长制专项审计调查结果》	利州区高度重视河长制工作，构建"水清、河畅、岸绿、景美"的生态河流，完善河长制组织体系，建立健全河长制工作机制，大力开展利州区最美河流（段）创建工作	1.个别河流有污水直排入河现象。2."一河一策"清单编制不科学。3.河湖管理范围划定工作滞后。4.个别河段管护不到位	对审计发现的问题，区河长办组织进行整改。具体整改情况由区河长办自行公告
《广元市河长制落实情况专项审计调查结果》	—	1.部分河长制工作制度执行不到位，未建问题整改清单。2.部分联络员单位主动履职意识不够，督办问题不到位。3.河道管理范围水域岸线划界工作进度滞后	对审计发现的问题，市河长制办公室组织了整改，具体整改结果由市河长制办公室向社会公告
《2017年至2019年市区河道整治管理情况专项审计调查结果公告》（2021年第1号）	2017—2019年，南通市深入贯彻落实中央、省关于河长制工作的战略部署，加大财政资金投入，科学推进市区河道整治工作，开展"一控三自然"的治水实践，基本实现了"基本消除建成区黑臭水体，濠河及中心城区66平方公里内主要河道达到Ⅲ类水质"的工作目标。截至2019年底，市区水环境质量显著提升，2019年市区地表水市考以上断面水质优良率为84.6%，较2017年提升了15.4%，市考以上断面已无V类和劣V类水。2017—2019年市区共治理黑臭水体28条。目前，主城区主要河道水质参数平均值均达到或优于Ⅲ类	1.部分河道整治效果不佳、长效管护未有效落实。2.部分项目建设管理不到位。3.部分河长履职不到位，巡河工作流于形式	对断头河实施了贯通活水；对保洁不到位的河道实施了"三清三乱"集中整治行动，加强了河道日常保洁工作力度；加快了对已完工项目的竣工决算编制进度，闸站泵站固定资产入账工作也全面启动；对绿化苗木密度、规格未达设计要求的河道进行了苗木补植；明确了河岸绿化管护单位，进一步压实了管护责任；进一步加大了河长制工作力度，调整加密巡河频率，从严、从紧抓好考核奖惩

续表

文件名称	审计结果	主要问题	整改情况
《关于浦东新区2018年度本级预算执行和其他财政收支情况的审计工作报告》	2016—2018年，新区中小河道整治项目批复资金64.43亿元，实际到位资金50.53亿元，主要用于河道轮疏工程、城乡中小河道整治工程、断头河整治工程和其他专项整治工程等。审计结果表明，新区中小河道整治工作开展有序，推进有力	一是河长制落实不到位。审计现场踏勘三林、高桥等9个镇的350条段河道，其中214条段河道存在违章搭建、污水直排等问题，未在河长巡河记录中反映。个别河道存在河长35次巡河记录均为同一张照片的情况。二是部分河道整治后水质存在反复。部分市考河道水质恶化，32条段市考河道在完工验收一个月后，河道水质即由Ⅱ类、Ⅲ类降为劣Ⅴ类；128条段市考河道在完成整治后出现1个月或多个月水质反复的情况，其中78条段河道水质重返黑臭；2018年新区新增黑臭水体491条段中列入考核任务的河道为20条段，其中9条段河道当年末的水质仍为黑臭。三是部分河道整治控源截污实施不到位。118条段河道周边环境专项整治不到位，主要是违章建筑未按河道整治"一河一策"要求拆除或存在垃圾堆放；112条段河道周边存在雨污混排、污水直排的情况；34家河道周边工业企业未整治到位，主要是未纳管企业存在污水直排河道的情况	—
《关于济宁市兖州区2018年度区级预算执行和其他财政收支情况的审计公告》	我区高度重视河长制工作，按照省市要求，建立了以党政领导负责制为核心的责任体系，出台了区、镇两级河长制实施方案及11项制度办法，实现了区、镇、村三级"河长"全覆盖。河长制工作取得较好成效	1.部分镇街未根据实际情况编制河长制工作方案。2.部分"一河一档"基础信息未建立。3.河道管护体系不完备。4.河道划界工作进展缓慢	—

第六章 环境治理与国家审计的实践例证——基于河长制政策跟踪审计协同治理的考量

续表

文件名称	审计结果	主要问题	整改情况
《杨浦区水环境（中小河道）综合整治情况专项审计调查结果公告》	随着资金的不断投入，我区水环境（中小河道）综合整治正在稳步推进。主要体现在以下几个方面：1.制度制定及时，组织保障有力，实现了全区所有河道河长的全覆盖。2.相关职能部门雨污混接改造推进力度较大。3.区生态环境局进一步加强对相关企业的监管力度。4.河道综合整治生态修复工程有序实施。5.资金使用基本合法合规。但审计也发现在工程项目预算执行率、投资监理履责、河道综合整治经费专款专用方面还存在问题	1.中小河道水环境综合整治政策执行情况。（1）河道养护监督考核方式有待改进。区建管委应完善对区市政水务中心和新江湾城市政所的考核职责。（2）河道养护考核机制不够完善。区市政水务中心签订的河道养护合同未约定奖惩考核情况。（3）部分河道巡河工作有待加强。经审计抽查现场发现，有市民在东走马塘河道边的防汛墙上钓鱼。（4）个别项目投资（财务）监理单位未按合同约定开展全过程投资监理工作、出具合同审核意见书和监理月报表等。2.中小河道水环境综合整治水生态修复实施情况。（1）部分工程项目预算执行率较低。涉及杨浦区大武川、国权北排水系统雨污混接改造工程和部分小区雨污混接改造项目。（2）河道综合整治经费使用不规范。主管部门在安排河道综合整治经费时未能进一步明确经费使用范围和使用标准，并且未能及时出台相关的资金使用细则。3.中小河道水环境整治长效管理实施情况。（1）个别河道周边环境未及时清理。经审计抽查，杨树浦港部分河段存在垃圾堆放未及时清理的问题。（2）个别防汛通道被用作停车场。杨树浦港河道周边个别小区（为江浦街道辖区）物业私自将部分防汛通道扩展为该小区停车场，存在一定的安全隐患	区建管委已下发通知，要求各属地街道加强巡查，要求区市政水务中心督促投资监理单位按合同约定开展全过程投资监理工作，并强化预算绩效管理，紧盯预算执行进度，及时开展审价。区房管局已就推进竣工项目完成竣工备案工作，对竣工项目实施质量检测制定了措施。区财政局已就督促预算单位对已完工项目及时开展审价工作，加强项目经费预算审核，严格预算执行等方面制定整改措施。区绿化市容局已落实安排专人实行点、线、面相结合的保洁工作，及时对所有垃圾进行清运。江浦路街道已将辖区内防汛通道上的停放车辆进行清理

续表

文件名称	审计结果	主要问题	整改情况
《关于2016年1月至2018年6月徐汇区河道整治与养护经费使用绩效情况的专项审计调查结果公告》（徐审公〔2020〕2号）	徐汇区河道整治与水环境治理各项工作有序推进，政策落实推动工作机制建立完善，财政投入逐年增长且资金流向河道整治的重点领域，近三年水质改善明显，群众满意度大幅提升，但水质污染形势依然严峻，完成水污染防治目标仍需持续改进和完善	1.住宅小区内部雨污混接改造进展较慢。2.个别河道出现间歇性返黑返臭。3.个别已填埋河道应及时恢复。4.河长办职责应进一步落实。5.个别项目管理应进一步规范。6.排水许可证（施工）未做到全覆盖。7.部分项目资金结转和预算调减率较大。8.养护资金预算编制和结算付款应按实计量。9.个别河道水生态修复效果反复。10.河道保洁等养护实效与监管待进一步加强	区水务部门会同房管、街道等部门，共同推进50个小区内部雨污混接改造；相关部门采取了曝气充氧、末端拦漂、生态补水、应急清淤等措施；漕溪支河恢复项目已开工；进一步明确做强做实河长办、做深做细河长制的工作要求；除个别已停工或暂未实施的项目外，均已办理排水许可证（施工）；区水务部门已督促相关单位加强项目前期方案研究，提高项目前期工作质量；修订考核办法等手段，完善水利设施维修养护预算和付款管理机制；正在加快雨污分流改造，截污纳管改造建设，减少河道外源性污染；区水务部门对原有的制度进行了修编，完善了管理考核机制
《2016年至2018年中小河道综合整治情况的审计调查结果》（普审发〔2020〕9号）	随着财政资金投入，我区中小河道综合整治工作取得了较为明显的成效。主要体现在以下两个方面：(1)河道整治工程稳步推进。(2)河道水质持续好转	1.个别跨区河道水质尚不稳定。2.资金管理方面存在的问题。(1)工程前期启动费用预算安排不合理，资金使用效率低。(2)个别应急项目资金使用进度缓慢。(3)个别工程项目预算执行率较低。3.项目管理方面存在的问题。(1)对个别项目施工监理单位的管理不到位。(2)个别工程项目的投资监理工作履行不到位	—

续表

文件名称	审计结果	主要问题	整改情况
《关于肇庆市端州区2020年度区级预算执行和其他财政收支审计工作报告》	我区通过建立区、街道、居委会三级河长体系和出台相关实施方案等措施，基本完成相关考核指标和约束性任务指标	1.工作机制建立健全和工作责任落实方面。一是部分基层河湖长巡河履职不到位，存在巡河时间过短、巡河时间和巡河历程明细不匹配，以及巡河次数达不到规定的巡河频次的情况。二是区河长办通过主流媒体、官方网站公布的河湖长名单公布未能及时调整更新。2.专项资金筹集管理使用方面。一是区水利局河长制湖长制资金使用进度缓慢，二是违规改变专项资金用途，三是区水利局未按规定征收水资源费。3.水资源保护方面。一是区水利局未结合实际情况建立规划和建设项目水资源论证制度。二是区水利局未严格实施取水许可制度，对于取水许可证已到期的单位仍继续取水的行为未能及时制止。三是区水利局未结合实际情况配套出台节水管理办法来推动节约用水工作。4.水污染防治和水环境治理方面。一是主要河涌水质改善效果不显著，二是区住建局未建立治理黑臭水体长效机制。三是睦岗街道办事处未及时整改违法用江水洗车。5.水生态修复和水安全保障方面。区水利局对水土流失治理任务的完成率偏低。6.其他方面。2019年度市最严格水资源管理制度专项工作测评发现"无开展规划审批决策、落实'四定'情况相关资料"的问题未完成整改	—

续表

文件名称	审计结果	主要问题	整改情况
《上海市奉贤区2019年水环境（中小河道综合整治及长效管理）专项审计调查结果》	我区全面推行河湖长制，建立了区、镇、村三级河湖长体系，河湖管护责任落实到位。进一步推进河面河岸系统治理，区域水环境面貌得以提升。但审计调查中也发现一些需要加以纠正和改进的问题	1.部分河道未及时调整"一河一策"整治内容。部分河道"一河一策"在消除劣Ⅴ类整治方式变化后，未及时对该河道"一河一策"内容进行调整。2.中小河道的长效管理方面：（1）部分中小河道周边存在不同程度的问题。有12条段河道周边仍存在零星畜禽养殖、24条段河道周边仍存在垃圾堆放等问题。（2）部分检查存在问题的河道未发现河长巡查记录。现场检查存在问题的2条段中小河道未有河长巡河记录。3.部分河道整治工程及沟通水系工程推进较缓慢。2017—2018年共有32个项目立项，审计期间，有7个工程因国土空间管制、航道升级后航评等原因未完工。根据区水务局提供的最新资料，截至2021年10月，尚有3个工程未完工	—

续表

文件名称	审计结果	主要问题	整改情况
《崇左市全面推行河长制工作落实情况专项审计调查审计结果》	2017年以来，崇左市在主要江河县级以上河长制水资源保护和水污染防治，改善水环境和修复水生态等方面做了大量的工作：一是完善河长制工作体系；二是推动各成员单位履行职责；三是加大山水林田湖草生态保护修复力度；四是结合专项整治，推进河长制工作开展。审计也发现崇左市各成员单位在履行职责和完成工作任务中还存在一些问题	1.落实最严格水资源管理制度情况方面。（1）"十三五"规划污水处理设施建设项目任务未如期完成。（2）部分最严格水资源管理制度年度考核指标未达自治区考核标准。（3）未按规定征收水资源费72.31万元。（4）部分污水处理厂未按规定对产生的污泥进行跟踪管理。（5）部分时段国家重点水质站断面水质、水库水质未能达标。（6）产业园区污水处理项目进度缓慢。（7）用水单位未取得取水权仍取用地表水。（8）水源保护区内存在开山采石、采矿等行为。2.江河湖库水域岸线管理保护情况方面。（1）河道管理范围内弃置物、堆积物未及时清理。（2）违规占用河道，设置砂场。3.水污染综合防治情况方面。（1）建成的25个镇级污水处理厂未正常运行发挥作用。（2）部分船舶未安装垃圾存储和污水处理装置。（3）未按规定对废旧农膜回收台账进行登记。4.水环境保护和治理情况方面。（1）编制船舶污染事故应急预案不够完善。（2）江河湖库清"四乱"存在问题未完成整改。5.水生态保护与修复情况方面。（1）未按规定征收水土保持补偿费2862.45万元。（2）产业园区建设项目未编制水土保持方案先行建设。（3）部分县（市、区）未按规定编制本行政区域内的湿地保护规划。6.执法监管情况方面。（1）未按规定对应急储备物资进行规范管理。①抗洪救灾应急储备物资未统一归口管理，没有规范的储存仓库。②没有严格执行应急物资进出库登记管理，底数不清。（2）农业污染源监管不够到位。①未及时发现农药店违规销售限制使用农药。②部分农药店电子台账信息未接入广西农药数字监管平台。7.其他问题。生活污水、废水等直排坑塘易形成黑臭水体	市河长办及市河长会议各成员单位通过强化工作举措，完善相关制度，构建长效机制等措施进行整改，截至2022年5月30日，审计指出的23个问题，已经完成整改3个，完成整改率13%，正在整改15个，难以整改1个，未整改4个，追缴金额497.31万元占应追缴金额2934.76的17%

环境治理与国家审计

资料来源：①广元市朝天区政府办.广元市朝天区审计局对朝天区2019年河长制专项审计调查的结果公告［R/OL］.［2022-09-10］.http：//www.gyct.gov.cn/gongkai/show/dad56b31c79b4cc3aba6d1f21f688d9f.html.

②广元市利州区审计局.广元市利州区河长制专项审计调查结果［R/OL］.［2022-09-10］.http：//www.lzq.gov.cn/open/show/20200113163523-19170-00-000.html.

③广元市资环科.广元市河长制落实情况专项审计调查结果［R/OL］.［2022-09-10］.http：//sjj.cngy.gov.cn/New/Detail/20191230164932336.

④浦东新区审计局.关于浦东新区2018年度本级预算执行和其他财政收支情况的审计工作报告［R/OL］.［2022-09-10］.https：//www.pudong.gov.cn/zwgk/14484.gkml_ywl_sjgzbg/2022/287/59099.html.

⑤兖州区审计局.关于济宁市兖州区2018年度区级预算执行和其他财政收支情况的审计公告［R/OL］.［2022-09-10］.http：//www.yanzhou.gov.cn/art/2019/9/24/art_29188_1981747.html.

⑥杨浦区审计局.杨浦区水环境（中小河道）综合整治情况专项审计调查结果公告［R/OL］.［2022-09-10］.https：//www.shyp.gov.cn/yp-zwgk/zwgk/buffersInformation/details?id=b18a085a-cd20-4ccf-8b91-48d69ee15ff3.

⑦徐汇区审计局.关于2016年1月至2018年6月徐汇区河道整治与养护经费使用绩效情况的专项审计调查结果公告［R/OL］.［2022-09-10］.https：//www.xuhui.gov.cn/H/xhxxgkN/xhxxgk_sjj_yw_zxsjjg/Info/Detail_44696.htm.

⑧上海市普陀区审计局.2016年至2018年中小河道综合整治情况的审计调查结果［R/OL］.［2022-09-10］.http：//www.shpt.gov.cn/shpt/sjjggg-sjywgzzdgzsjjzfwj2021/20210916/698439.html.

⑨肇庆市端州区审计局.关于肇庆市端州区2020年度区级预算执行和其他财政收支审计工作报告［R/OL］.［2022-09-10］.http：//www.zqdz.gov.cn/zqdzsjj/gkmlpt/content/2/2602/post_2602580.html#7144.

⑩上海市奉贤区审计局.上海市奉贤区2019年水环境（中小河道综合整治及长效管理）专项审计调查结果［R/OL］.［2022-09-10］.https：//xxgk.fengxian.gov.cn/art/info/2547/i20211102-5w3ahvjpk1lqzqbbiy.

⑪崇左市审计局.广西壮族自治区崇左市审计局崇左市全面推行河长制工作落实情况专项审计调查审计结果［R/OL］.（2022-06-15）［2022-09-10］.http：//www.chongzuo.gov.cn/jcxxgk_1/sjjggg/t12028657.shtml.

（一）关于审计依据方面

在13份审计结果公告中，均依据的是《审计法》，部分地区介绍了具体依据的条文，部分地区则没有。例如，广元市利州区审计局根据《审计法》第16条的规定，自2019年9月27日至2019年10月31日对利州区河长制进行了专项审计调查。上海市普陀区审计局依据《审计法》第27条，对普陀区2016—2018年中小河道综合整治情况进行了专项审计调查。广元市审计局根据《审计法》第27条及《国家审计准则》第8条的规定，于2019年10月9日至11月14日，对广元市河长制落实情况进行了专项审计调查。另外，广西壮族自治区崇左市审计局除根据《审计法》第27条外，还依据了崇左市人民政府批复的《2021审计年度崇左市本级统一组织审计项目计划》实施审计。

（二）关于审计内容与审计评价方面

从 13 份审计结果公告来看，审计内容主要集中在政策执行落实、河湖水域岸线管理保护、资金管理、工程建设管理、水资源保护、水污染防治和水环境治理等方面，各地区的实施项目不同，审计内容的侧重点也有差别。这说明在实施审计过程中，各地区根据自身情况、因地制宜，并没有完全按照《关于全面推行河长制的意见》明确的工作职责内容执行。当然，审计发现的问题也主要集中在政策执行落实、河湖水域岸线管理保护、资金管理、工程建设管理、水资源保护、水污染防治和水环境治理等方面，只是披露的详略有别。例如，《广元市利州区河长制专项审计调查结果》仅揭示了个别河流有污水直排入河现象，"一河一策"清单编制不科学，河湖管理范围划定工作滞后，个别河段管护不到位，并未进一步说明具体问题所在。

在审计结果方面，仅有广元市审计局未对广元市河长制落实情况给予评价，其他地区则均给予了评价。有些评价属于描述性的，例如，《杭州市审计局关于杭州市"河长制"制度执行情况专项审计调查结果的公告》提及"全市共完成 71 条垃圾河、277 条黑臭河治理，市区河道水质普遍改善 1~2 个类别；全市出境断面水质持续改善，省考核连续三年保持优秀"。有些评价则属于结论性的，例如，《关于 2016 年 1 月至 2018 年 6 月徐汇区河道整治与养护经费使用绩效情况的专项审计调查结果公告》明确"近三年水质改善明显，群众满意度大幅提升，但水质污染形势依然严峻，完成水污染防治目标仍需持续改进和完善"。这说明，各地区关于审计评价的认知并不一致，这也反映出河长制政策跟踪审计作为一种新的审计类型，审计内容、审计范围等还需要持续地探索。

（三）关于审计问题整改与责任追究方面

从 13 份审计结果公告来看，上海市普陀区、浦东新区、奉贤区和济宁市兖州区、肇庆市端州区没有披露关于审计发现问题的整改情况，其他地区均不同程度地公布整改情况，但详略有别。例如，《广元市河长制落实情况专项审计调查结果》简要描述了"对审计发现的问题，市河长制办公室组织了整改。具体整改结果由市河长制办公室向社会公告"。但后续并未查找到具体整改结果情况。而南通市《2017 年至 2019 年市区河道整治管理情况专项审计调查结果公告》则针对审计发现问题，一一对应披露整改情况，例如"对断头河实施了贯通活水；对保洁不到位的河道实施了'三清三乱'集中整治行动，加强了河道日常保洁工作力度"等。从披露的问题整改看，大部分被审计单位均能够完成整改，当然，也有部分地区整改进度缓慢。

另外,《杭州市审计局关于杭州市"河长制"制度执行情况专项审计调查结果的公告》是唯一披露责任追究内容的公告。例如"截至2019年2月底,92个问题已完成整改82个,已对责任单位行政处罚6起,罚款25.87万元;依法依规问责,已集体约谈1起,党内警告、通报批评2人"。其他地区则不清楚是否实施了责任追究。从审计对象、审计领域、审计内容和审计目标看,领导干部自然资源资产离任审计与河长考核问责高度契合,是为后者提供考核问责参考的最直接的审计类型。

第三节　河长制政策跟踪审计与协同治理连接

党的十八大以来,随着国家"五位一体"总体战略的确定,生态文明建设的重要性更加凸显,我国环境治理体系面临再次改革。河长制正好是环境治理领域改革的突破口,河长制是从河流水质改善领导督办制、环境问责衍生出来的水污染治理制度。[①]地方主要官员具有协调辖区众多涉水部门的权力,能够避免过去"九龙治水"的弊端。[②]《关于全面推行河长制的意见》明确了开展河长制工作的基本原则——"坚持党政领导、部门联动。建立健全以党政领导负责制为核心的责任体系,明确各级河长职责,强化工作措施,协调各方力量,形成一级抓一级、层层抓落实的工作格局"。同时,在工作职责中,多处强调"对跨行政区域的河湖明晰管理责任,协调上下游、左右岸实行联防联控;对相关部门和下一级河长履职情况进行督导,……各有关部门和单位按照职责分工,协同推进各项工作"。可见,基于河流基本特征,相关部门协同治理当属河长制政策的应有之义,尤其建立多部门联动、协调有序的河长办,[③]成为解决"九龙治水"困境的重要途径。

21世纪以来,协同治理成为西方国家公共管理改革的发展方向和趋势,日益受到国内理论和实务界的重视,社会协同治理被应用到公共危机管理、公共服务供给、社会管理、政务系统部门整合决策等领域。[④]在审计监督的传统模式下,由于条块分割、

[①] 杨紫秀.河长制背景下河流治理绩效审计研究:以老宝象河为例[D].昆明:云南财经大学,2019.
[②] 熊烨.跨域环境治理:一个"纵向-横向"机制的分析框架——以"河长制"为分析样本[J].北京社会科学,2017(5):108-116.
[③] 沈坤荣,金刚.中国地方政府环境治理的政策效应:基于"河长制"演进的研究[J].中国社会科学,2018(5):92-115,206.
[④] 王会金.治理视角下的国家审计协同:内容框架与模式构建研究[J].审计研究,2013(4):57-62.

自成体系、缺乏沟通等问题，导致审计在预防、揭示和抵御等领域的作用发挥并不顺畅。在协同理念的崭新要求下，审计机关改变传统自上而下，主要依赖自身监督的弊端，寻求建立与其他部门之间的协同联动。2021年修正的《审计法》新增第41条"审计机关履行审计监督职责，可以提请公安、财政、自然资源、生态环境、海关、税务、市场监督管理等机关予以协助。有关机关应当依法予以配合"。其本质在于为审计协同治理提供法律依据。河长制政策跟踪审计的协同治理是社会、经济、生态发展趋势下的必然选择，或者说只有进行协同审计才能够更好地实现其"纠偏"价值，提升河长制政策的效率与成效。[①]

一、理论意义

（一）推动审计资源协同

"河长制"发端于多部门的协同作用，具有典型的跨区域治理特征。河流属于典型的跨区域公共产品，流域治理就会存在多元主体和多个涉水利益机构，彼此之间的关系尤其不可分割，而位于流域上、中、下游的部门也亟须妥当处理与水有关的利益问题。河长制政策跟踪审计往往会涉及多个行政区域，且项目周期长、水环境评价复杂，审计人员必须具备较丰富的资源环境专业知识。倘若审计机关按照行政区域实施审计，则难以达到水环境审计的目的。[②]

协同理念要求河长制政策跟踪审计，能够部署、分解和支配治理系统中的各构成因子，产生治理全局功能超出任意单一部分相加的协同效应。[③]但由于审计范围不断扩大，审计风险随之加剧，审计人员知识背景有限，审计技术存在局限。在河长制政策跟踪审计中，则主要体现在审计机构核心作用、整合各方资源、打破部门壁垒、实现信息共享与交换、提供执法权力、借用专业人才等多个环节。因此，亟须建立审计的协同机制，从而实现与其他部门各司其职、密切配合，确保审计实效的积极达成。

（二）促进治理信息共享

政府审计发挥治理作用，实质上就是通过不断地接收各种水环境信息，再进行加工整理，而后向审计治理对象输出所需要的信息。从在现代社会更迭中的作用来看，政府审计亟须借助持续交换资讯和资源，与除自身以外的要素建立交互关系，使之成

---

① 夏志乡.环境政策协同审计的现实困境与突破路径[J].领导科学，2019（8）：110-113.
② 张鑫.审计，如何更有效服务于"河长制"[J].财讯，2019（21）：170.
③ 王会金，戚振东.政府审计协同治理研究[M].上海：上海三联书店，2014：57.

为一个更加开放和丰富的系统。然而，建立跨部门、跨地区信息资源共享的难度较大，部门之间的关系、部门的规模、电子化建设的现状以及部门政策的完善程度，均会影响信息共享的状况。其复杂性不仅在于跨政府机构之间，甚至还会跨不同层级政府之间。①

在河长制政策跟踪审计过程中，涉及审计结果的定期公告制度和保障机制，审计机关和环境保护、自然资源、水利、纪检、国有资产等部门配合使用环境审计结果，实现信息资源共享，相互提供相关信息、专家咨询和技术支持，相互汇报重要信息和工作总结，共同组织实施重大项目和科研工作等各个环节。审计机关与以上相关部门共同属于环境治理体系的具体构成，但在扮演不同的治理角色时，基于资讯的不对等属性，分别占据不同的有利形势。通过相互协同推动信息公开，尤其能够提升审计在检查、取证过程中的有效性，防止资源被滥用甚至耗费。②因此，只有完善和实现信息资源跨部门共享机制，为审计协同收集取证、组织协同和连通成果协同运用渠道，才能使之更好地服务环境治理。

二、现实意义

（一）弥补部门之间分割

审计监督职能的体现应当以公共问责和公共经济权力为基础限度，并遵循其活动规律。而我国审计机关与其他政府部门存在职权范围重叠的情况，当监督涉及多部门、多地区时，职权穿插、任务交织，各个单位之间的事务失准、兼顾失和、配合不当会导致过度监督，还可能产生监督失效的弊端。③河长制政策的实施，天然存在跨部门、跨地区的协同治理问题。由于水的典型跨界特征，行动主体的多元化成了无法避免的现实，通过河流——这一连接不同公共部门的纽带，围绕水环境治理的利益相关者形成了共同的"区域公共产品"，不同涉水机构产生了密切关联的相互关系，尤其是以治污为主要职能的环保部门和以治水为主要职能的水利、农渔等多个部门。④因此，河长制政策跟踪审计应当搭建多部门的协同机制，明晰问责主体和审计监督之间的运行边

---

① 杨洋洋，谢雪梅. 协同视角下政务信息资源共享监管的演化博弈研究 [J]. 情报资料工作，2020，41(5): 72-78.

② 贺鹏皓，张念明. 审计机关与其他监督机关的协调配合机制研究 [J]. 财会月刊，2019 (17): 107-115.

③ 郑石桥. 政府审计对公共权力的制约与监督：基于信息经济学的理论框架 [J]. 审计与经济研究，2014，29 (1): 11-18.

④ 朱雅婷. 环境审计服务于环境污染治理研究：基于协同理论的视角 [J]. 经营与管理，2021 (2): 140-145.

界，从而减少职能重叠和监督空白，避免相互推诿扯皮甚至逃避责任情况的发生。

(二) 提高协同治理效率

合理弱化有限的资源与增长的需求之间的相互冲突，以便于审计机关高效行使监督职权，逐渐成为亟待解决的现实困难。[①] 而协同治理可以提高河长制政策跟踪审计的效率。一方面，审计机关在监督、约束公共权力的机会主义倾向方面，具有不可或缺的重大作用，但其对公共权力主体的机会主义行为，缺少更高级别的判定和处置的法律授权。审计机关的主要职责在于鉴证、评价，给予适当的审计意见和建议，在符合一定条件的情况下移送至有处置权力的部门，实施进一步的问责。在此种模式下，审计机关利用自身专业特长，为有关部门传递针对权力主体机会主义行为的鉴证、评价信息；有关部门通过法律权威和运行机制的保护，再次挖掘、处理并应用审计机关所提供的信息，真正实施对相关主体认定和问责，进而为国家治理体系提供正向管制的渠道。[②] 相关部门与审计机关协同治理，能够实现"全局优于部分加总"的效果。另一方面，审计机关囿于法定权责、数字技术等因素的约束，不宜只身执行审计项目。通过协同互助，方能共享优势，充分发掘和运用协同体系内的共用性，取得规模效益，以优化治理方略、提升治理效率。各个部门均可能拥有审计机关所缺失的执法权，各部门相互协同治理，通过重组优势要素、降低审计阻碍，借以弥补审计机关在专业结构、技术能力等维度的缺失，更加全面、周密地完善审计方法技术，顺利推进审计项目进度。[③] 例如，在实施延伸审计过程中，审计机关需要针对延伸审计的对象调查、取证，向有关部门提请协同辅助，减少证据收集的阻隔，提高获取审计证据的效率，从而降低整体的审计成本。

第四节　河长制政策跟踪审计的协同治理阻碍

虽然协同治理在河长制政策跟踪审计中具有重要意义，但在审计实施过程中，实

[①] 刘爱东，张鼎祖.中国地方审计机关效率测度与分析：基于1998—2009年的面板数据[J].审计研究，2014 (5): 60-67.

[②] 王玮，郑石桥.审计对象特征对审计成果及其利用的影响研究：基于分行业数据的统计分析[J].财会通讯，2015 (33): 25-28, 129.

[③] 王楠楠，郑石桥.部门协同治理与政府审计效率：理论框架和经验数据[J].财会月刊，2017 (3): 86-93.

际关注部门协同的问题却不多见。从13份审计公告内容来看，仅有广元市、杭州市、济宁市兖州区提及相关问题。例如，《广元市河长制落实情况专项审计调查结果》提出"信息共享平台内容不完善。目前市河长制信息平台对排污口、水电站、监测断面等方面信息无法共享，不利于工作统筹。""联络员单位与市河长办信息沟通不畅。"《杭州市审计局关于杭州市"河长制"制度执行情况专项审计调查结果的公告》明确"信息化系统运维管理不到位。'杭州河道水质'APP的系统运维管理不到位，部分数据不够精准，无法真正判断河长巡河情况。如存在巡河只有结束时间，无开始时间；河道水质监测数据为空等情况。"《关于济宁市兖州区2018年度区级预算执行和其他财政收支情况的审计公告》指出"部分镇街未根据实际情况编制河长制工作方案……部分'一河一档'基础信息未建立……河道划界工作进展缓慢"。可见，河长制政策跟踪审计确实存在协同治理不足的弊端。

一、审计协同的制度保障缺乏

（一）存在限制性的规章制度

在很多情况下，部门之间的协同是在临时性或区域性的背景下建立起来的。就同一监督对象来说，即使汇集到的基本数据相同，但由于地方长期规划与短期任务侧重点不同，监督主体存在差异，仍会导致责任评价与处理的情况有所不同。由于水环境治理的流域性特征，是一项系统性工程，涉及方方面面，各级政府制定了诸多的法律法规、规章制度、政策措施等，但文件执行权却分属不同的部门，因此存在部分规章制度相互矛盾，执法标准、评价标准不统一的现象，[1] 而如果缺乏具体明确的制度规范，就很容易造成评价定性的主观性和片面性。

（二）审计人员职权范围尚未界定

《审计法》第41条提出了"审计机关履行审计监督职责，可以提请公安、财政、自然资源、生态环境、海关、税务、市场监督管理等机关予以协助"。然而，有关职能部门能否、何时、如何协助审计机关开展工作却尚未有明确的界定，使得各部门协同审计有了更大的自由度和选择性。[2] 虽然《审计法》明确规定，审计机关有权要求被审计单位提供相关信息，被审计单位不得拒绝、拖延、谎报，但一些职能部门的规章制度限定了对外提供资讯和开放相关电子数据检索的权限，而若有关单位和个人不予支

---

[1] 刘国城.协同视角下新时代国家审计创新研究［J］.财经论丛，2020（7）：63-72.
[2] 陈希晖，陈燕.法制环境对审计处理执行效率的影响［J］.财政监督，2013（11）：34-37.

持和协助审计工作,现有法律也缺乏细致相关的处罚措施。根据《关于完善审计制度若干重大问题的框架意见》要求,审计机关的督查范围已由"财政或财务收支的真实、合法和效益",衍生为"公共资金、国有资产、国有资源和领导干部履行经济责任情况",[①]与之适配的多项法规文件尚未实时跟进,致使权力扩充的依据不足,愈加难以得到相关部门的协同参与。

二、审计信息传递共享不足

(一) 缺少审计信息共享平台

由于不同部门对同一信息的单独收集、重复汇集和各用所需,致使信息资源记录零星、分散,资讯价值局部、有限能力显现,表现出各自为政、资讯质量参差不齐等现象,[②]不易进行跨部门、跨地区信息的有效综合,导致信息的使用价值未能充分挖掘,使用效率降低——以至于审计机关需要收集国土、水利、环保、农委等部门分别反馈的资料,信息化共享程度低,且各职能部门统一互联的监测预警指挥系统有待完善,出现了一方发现问题没有立即转接下任责任主体,而后再来层层追究的现象,增加了审计工作量,降低了审计效率。

(二) 尚未建立系统信息传递机制

作为不同的治理主体,相关职能部门和审计机关在利用自身职权和资源开展工作时,各主体位于互相外部的位置,掌握不同的优势信息,致使信息不对称,且信息壁垒较为严重,引发诸多现实困难,[③]例如资讯获取来源有限,传递渠道封闭阻滞,交互迟延等。另外,完备且周密的信息传递机制还未搭建成功,导致可用资讯无法进行高效传输、衔接和给予维护,进一步诱发信息链的脱节。从而陷入了国家治理系统内各构成主体之间信息难以顺畅传输、取得和运用,信息成本过高的"孤岛"困境。

---

① 徐超,张雅.协同视角下政府审计资源管理研究:以领导干部自然资源资产离任审计资源为例[J].会计之友,2019(9):114-118.
② 邓书法,韩海晏.以数字化转型推动智能审计向前发展[N].中国会计报,2021-01-22(13).
③ 魏祥健.云平台架构下的协同审计模式研究[J].审计研究,2014(6):29-35.

三、审计队伍培养机制欠缺

(一) 审计人员引进和培训机制不完善

河长制政策跟踪审计涉及审计学、环境科学、信息科学等多个学科,专业化程度高,需要大量的水文、水利、水质监测等专业人员,需要专业技术方法和评价标准进行评估,而审计机关遴选人员时未增加非财经类及跨专业的人才数量,对特殊专业、新审计领域相关知识知之不多,人力资源结构单一。① 宏观上也没有迅速熟悉和把握河长制政策,使审计工作的进度、质量和效果难以保证。此外,审计人员较少主动学习金融、财税、工程、证券、投资、环境、管理等各领域相关的知识,若未及时掌握各领域的动态变化以提升自身的业务水平和综合素质,势必会影响审计工作的质量。

(二) 未建立协同治理审计专家库

河长制政策跟踪审计事项涉及广泛的专业知识,而审计人员的专业必定是有限的,特别是主要以会计、审计、财政金融等财经专业为主的审计人员来说,在审计实施过程中,专业知识尚未满足职业判断的前提要求。此外,随着审计业务类型的不断发展,审计的内涵和外延都发生了很大的变化,审计人员需要具备与职业判断相关的各种专业知识、技能和经验。专业知识和技能的差距要求在加强审计人员专业技能培训的基础上,利用外部专家的智慧开展审计协调,促进审计工作的顺利开展。② 而审计机关尚未构建跨领域、跨学科、高水平、权威性的专家咨询体系,借用专家也尚未形成系统化、制度化的程序,从而降低了审计工作的专业运行效率。

四、审计结果利用程度不够

(一) 审计结果对职能部门责任界定不清

在政府职能划分过于细化、部门职能交叉的背景下,由于各部门在审计结果运用过程中主要职责划分不够明确,如表6-3所示,对于交叉重叠的公共问题,负有管理职责的相关部门对于有利于部门发展的公共问题往往会倾向于争相管理、争夺权力和利益,但对于没有利益或者与部门利益相抵触的公共问题,各个部门往往采取互相推诿、被动不作为的做法,容易造成治理的真空地带。

---

① 马雪慧. 资源环境审计中三大审计主体协同研究 [J]. 现代审计与经济, 2019 (6): 37-39.
② 程石. 大数据时代下的协同审计模式探析 [J]. 中国商论, 2019 (18): 17-18.

表 6-3　各部门在审计结果运用过程中职责内容

相关部门	职责内容
纪检监察机关	受理审计移送，调查处理，研究问题，反馈结果给审计机关
组织部门	将审计结果作为依据纳入干部管理体系，反馈结果给审计机关
审计机关	处理处罚，必要时移送，公布结果与详情，协助配合，督促整改
人力资源和社会保障部门	执掌考核、任免、奖惩等事宜，反馈结果给审计机关
国有资产管理部门	将审计结果作为依据纳入干部管理体系，督促整改，研究问题，反馈结果给审计机关
被审计单位	及时找出问题的原因并采取相应的措施规范和完善单位内部的管理制度
被审计单位上级主管部门	制定相应的管理制度和监督机制，修补管理上的漏洞

（二）审计结果评价不准确

在河长制政策跟踪审计中，审计机关存在取证、定性分析困难等问题，评价意见也具有相当的模糊性和笼统性。例如，某些评价意见缺失或者较为宽泛，《广元市河长制落实情况专项审计调查结果》没有针对河长制落实情况提出评价意见，而《广元市利州区河长制专项审计调查结果》给予评价意见："利州区高度重视河长制工作，构建'水清、河畅、岸绿、景美'的生态河流，完善河长制组织体系，建立健全河长制工作机制，大力开展利州区最美河流（段）创建工作。"其中"高度重视""大力开展"都是肯定性评价，而缺乏较为细致的衡量。南通市《2017年至2019年市区河道整治管理情况专项审计调查结果公告》指出：部分河道整治效果不佳、长效管护未有效落实；部分项目建设管理不到位；部分河长履职不到位，巡河工作流于形式。该公告并没有明确哪些河道整治效果不佳、哪些项目建设管理不到位，导致公告内容缺乏针对性，公众无法在公告中获取有用信息，进而采取进一步的监督措施。

（三）审计结果运用和整改的监管不足

第一，部分审计报告没有明确对纪检监察机关和组织部门等主体在获取审计结果之后，应当如何运用该结果以及反馈运用的情况如何，使得审计结果的运用处在相对闭塞的状况。[1]例如，上海市普陀区《2016年至2018年中小河道综合整治情况的审计

---

[1] 杨平波，唐赛. 协同治理视角下审计案件线索移送机制的优化［J］. 财会月刊，2019（13）：128-133.

调查结果》《关于济宁市兖州区 2018 年度区级预算执行和其他财政收支情况的审计公告》《关于肇庆市端州区 2020 年度区级预算执行和其他财政收支审计工作报告》缺少对审计整改结果的关注，导致审计结果运用的简单化。第二，公开内容不够完整，有的是部分公开或选择性公开。根据《党政主要领导干部和国有企事业单位主要领导人员经济责任审计规定》要求，审计工作结束之后，审计机关应当向被审计单位的领导干部及其所在单位报送审计报告，向同级政府行政首长报告审计结果，同时根据具体情况抄送纪检监察和组织部门。实践中，审计机关通常非全文公开。

第五节　河长制政策跟踪审计的协同治理完善

2015 年 12 月，中央办公厅、国务院办公厅发布《关于完善审计制度若干重大问题的框架意见》及《关于实行审计全覆盖的实施意见》，对审计协同治理问题提出了更高的要求，如"坚持统筹推进原则""建立健全审计与组织人事、纪检监察、公安、检察以及其他有关主管单位的工作协调机制"，以及"适应审计全覆盖的要求，加大审计资源统筹整合力度，避免重复审计，增强审计监督整体效能"等。2021 年 1 月实施的《重庆市河长制条例》第 4 条要求："河长制坚持生态优先、绿色发展，河长领导、部门联动、综合治理、公众参与的原则，构建责任明确、协调有序、监管严格、保护有力的河流管理保护体制机制。"该条例第 24 条规定："市、区县（自治县）河长办公室应当建立经济信息、规划自然资源、生态环境、住房城乡建设、城市管理、交通、水利、农业农村、应急、大数据应用发展、气象等部门涉河涉污数据资源共建共享机制，运用大数据智能化等现代化手段服务河长制的决策、管理和监督。"可以说，协同是国家审计治理的理想模式与未来发展方向之一，[①] 河长制政策跟踪审计的协同治理同样意义深远。

一、治理制度体系协同

（一）明确审计机关职能定位

福建省 2021 年 2 月发布的《河湖长制工作管理规范》明确："协同部门联动，形

---

① 王会金. 政府审计协同治理的研究态势、理论基础与模式构建：基于国家治理框架视角［J］. 审计与经济研究，2016，31（6）：3-11.

成多方合力。县级以上党委、政府、各级河长制办公室应充分发挥水利、生态环境、发展改革、财政、自然资源、住建、交通运输、农业农村、卫健、林业、海洋与渔业等部门优势,协调联动、相互配合、各司其职,加强业务技术指导、部门联合执法,依法履行职责。"可见,河长制政策实施涉及众多部门。而河长制政策跟踪审计也需要立足提升相关部门协同治理的地位,通过对现行审计法律制度进行系统梳理,修正完善不适用、操作性低的相关规范,明确审计机关履责界限,以及河长制相关部门单位与审计机关在合作、执行、惩处等多个维度的职守、边界、责任和义务,①确保依法审计顺利实施,为协同治理提供法律依据,提高审计的权威性、有效性。

(二)颁布审计工作协同规定

早在2004年,最高人民检察院、审计署联合发布《关于进一步加强检察机关与审计机关在反腐败工作中协作配合的通知》(已废止)明确:"各级检察机关和审计机关要从党和国家反腐败工作的大局出发,在充分发挥各自法定职能的基础上,进一步提高协作配合的积极性与主动性,健全协作配合机制,提高协作配合效率。"从服务国家治理体系与治理能力现代化的目标出发,河长制政策跟踪审计要注重各方合作的有效措施,通过自主制定相关制度,推动立法和行政法规的颁布实施。②审计机关要进一步落实领导责任制、牵头负责制、联合执法机制和监督机制等,克服相关部门各自为政的弊端,促进形成整体的协同合力。从宏观角度依法维护审计机关的权力,促进相关部门法制建设的优化,有效支撑和有力保障审计的协同制度基础,从而提升河长制政策跟踪审计效果。

二、审计信息技术协同

(一)借用信息化手段服务审计

河长制政策跟踪审计涉及水环境、水土保持等多类自然资源,将传统审计方法与地理信息空间技术相结合是比较恰当的方法。③传统审计方法主要有资料审阅法、访谈法和实地调查法;地理信息空间技术主要是指地理信息技术、遥感、全球卫星定位系统,除此之外还有大数据技术方法。建立统一的信息规范,包括数据、代码、信息

---

① 胡漠,马捷,郝志远.动态关联子群信息熵视域下智慧政府信息协同度测度研究[J].情报理论与实践,2021,44(2):96-102,82.
② 赵彩虹,韩丽荣.区域性环境审计合作问题研究[J].审计研究,2019(1):24-30.
③ 周芹芳,付义勋,杨显武,等.河长制水资源审计若干问题研究[J].商业会计,2021(1):37-40.

环境治理与国家审计

技术以及信息化运维服务管理等规范，避免重复规划；拓展新审计技术和方法，例如，遥感影像监测，对区域水质状况进行实时与动态监测具有显著的效果，能够反映水体污染源与污染物的迁移情况，形象直观地看出是否存在围湖、围海、侵占河道、区域水体水面增减等情况，可以通过多期影像对比，查找并发现导致水资源明显减少的原因。[①] 例如，地理信息技术借助水资源矢量数据——分布现状、饮用水水源地保护区范围、江河源头保护区范围及水质功能区范围等，以及入河排污口、取水口等带有经纬度信息的数据，可以通过经纬度将其转为点矢量数据，用于分析及查找位置。此外，借助资源部门的专业力量，充分利用大数据平台的基础测绘成果、地理普查成果等空间地理信息数据，来实施相关分析，并结合实地调查，获取数据，核实疑问，发现问题，提高河长制政策跟踪审计的效率和准确性。

（二）搭建审计信息共享平台

2017年11月施行的《领导干部自然资源资产离任审计规定（试行）》要求国务院及地方各级政府负有资源资产管理和生态环境保护职责的工作部门应当加强部门联动，尽快建立资源资产数据共享平台，并向审计机关开放，为审计提供专业支持和制度保障，支持、配合审计机关开展审计。同时，还应实现数字信息资源共享，建设一批资源环境审计的资源服务器，作为资源共享平台，持续收集、转换和整合相关信息，包括审计案例库、审计模式、审计评价标准等，并确保资源的定期更新，以此完成数据的合并存储和统筹联合管理，形成独具特色的"审计云"，[②] 进而减少审计取证成本，促进资讯的综合利用，尽可能地挖掘隐性信息及其关联。当然，该平台并非一个标准的数据资源库，也还是一个审计资讯库，随着持续进步的进程变化，逐步发展成为审计之家、审计工具之家和审计技术之家。通过汇集资讯的途径，传递资讯来加大审计资源可用性，并依据基层审计单位提出的具体诉求，合理改良配置，完备审计人力队伍和技术工具，使得协同审计工作趋于一致性，为协同审计工作的推行给予充分的信息基础。此外，加强与科研机构、高等学校的技术合作，例如，与相关高校信息系统审计实验中心、中国审计信息中心等科研机构合作，共享和使用相关数据库，充实审计信息化平台的内容。

[①] 王爱华，姜小三，潘剑君.CBERS与TM在水体污染遥感监测中的比较研究[J].遥感信息，2008（2）：46-50.

[②] 王晓楠.信息化建设在审计共享中的应用探讨[J].现代商业，2021（3）：184-186.

三、审计结果利用协同

(一)细化审计结果运用协同机制

《关于完善审计制度若干重大问题的框架意见》提出,建立健全审计与组织人事、纪检监察、公安、检察以及其他有关主管单位的工作协调机制,把审计监督与党管干部、纪律检查、追责问责结合起来,把审计结果及整改情况作为考核、任免、奖惩领导干部的重要依据。从前文13份审计结果公告来看,直接进行责任追究的仅有杭州市。河长制政策跟踪审计涉及主体众多,各主体难免会在协同运用审计结果时产生不同意见,所以首先应以协同应用的目标为指导,来考量各协同主体的能动性,根据产出效益、贡献度各不相同的协同主体作出取舍,从而调解彼此之间的冲突,高效分配、整合各要素。另外,选择协同对象时需要遵照整体性原则,来统筹规划各要素,使摩擦保持在一定可控范围之内,确保均可发挥全局更优的协同效应。随后,应从自身的实际出发,探索与政府审计实现服务国家治理这一方向的契合点,[1]使得彼此的目标与协同总目标趋同,在协同过程中以此填补自身的空缺,致力于最大限度落实审计结果,从而达成协同效应最佳。基于此,审计机关需要研究领导干部自然资源资产离任审计结果及整改情况中有关河长制监督问责信息,与本级政府和环保、水利、农业等部门充分沟通,包括信息报告的对象、范围和程度,以便为地方党政领导干部综合考核评价和问责提供依据。[2]

(二)建立审计结果运用反馈机制

《审计法》第52条明确:"被审计单位应当按照规定时间整改审计查出的问题,将整改情况报告审计机关,同时向本级人民政府或者有关主管机关、单位报告,并按照规定向社会公布。各级人民政府和有关主管机关、单位应当督促被审计单位整改审计查出的问题。审计机关应当对被审计单位整改情况进行跟踪检查。审计结果以及整改情况应当作为考核、任免、奖惩领导干部和制定政策、完善制度的重要参考;拒不整改或者整改时弄虚作假的,依法追究法律责任。"可见,2021年修正的《审计法》已经强化审计结果运用制度。当然,披露审计结果是提升政府审计公信力和权威性的有效举措,也是政府部门工作公示透明化的具体呈现。审计机关应当建立健全审计结果协同利用的机制和制度,例如,规范审计结果披露的步骤、措施、节点、体式和范围;

---

[1] 孙永军,刘洋.地方治理中政府审计职能修复:双重障碍与消解路径[J].财会月刊,2020(18):90-95.

[2] 陆晓晖.对审计监督促进全面推行河长制的几点思考[N].中国审计报,2017-08-09(5).

设置反馈、问责、考核等协同利用的具体机制；在做好审计结果利用协同准备工作的前提下，通过报送和公开审计信息结果、报告审计工作等，明确公众、媒体等对协同信息的获取途径与监督方式；加强推进审计结果信息公开的立法工作，[1]推动审计结果公开从规范性文件层面上升到国家法律层面，切实落实审计结果的协同治理。

四、审计队伍培养协同

2021年6月发布的《"十四五"国家审计工作发展规划》要求"加强专业能力建设。建立健全审计职业教育培训体系，针对审计干部特点开展分级分类培训。改进审计实务导师制，通过以审代训等途径强化培训效果。坚持在审计一线锤炼干部过硬本领，提高能查、能说、能写能力。推进干部轮岗交流，完善交流学习机制，提高综合素质"。河长制政策跟踪审计涉及审计学、环境科学、信息科学等多学科，对专业化程度的要求高，需要大量的水文水利、水质监测、矿产勘探、森林管理、空气检测等专业人员，审计机关应根据审计对象，引进相应的专业人才，充实一线审计工作。[2]此外，通过制定审计专家库管理办法，建立一套有效的专家选聘、激励和退出机制，实现社会专家资源的有机整合。建立审计专家数据库，一方面可以有效缓解审计业务繁重和人员短缺的矛盾，另一方面安排专业人员做专业工作，能更好地保证审计工作的质量和水平，促进审计实现全覆盖。探索建立跨领域、跨学科、权威性的审计专家库，由审计机关组织公开遴选在计算机、工程、土地、矿产、水利、海洋、交通、农业、林业等非财会领域具有一定权威性的专家、学者和专业人员。

五、审计评价指标协同

实践中河长制审计评价指标侧重于部分资金指标，未充分包含河长制涉及的环境保护内容，会降低审计整体质量。[3]河长制政策跟踪审计评价指标的设定依据主要是相关法律法规、中央和地方党委政府关于自然资源管理和生态文明建设的重大决策、国土专项规划、国家和行业的有关标准以及其他相关依据等，且应体现推进生态文明建设与自然资源资产开发利用与保护。审计评价指标一般包括定量指标与定性指标，定量指标是指可以直接用数字来表示，能够用于比较的指标，如入河库排污量、违法侵占河道面积等；定性指标简单来说就是不能直接量化，需要通过其他方式实现量化的

---

[1] 赵保卿.审计结果法律效力及其规范［J］.财会月刊，2020（21）：83-85.

[2] 谢志华.审计效率与审计组织形式的选择［J］.北京工商大学学报（社会科学版），2003（4）：40-42，56.

[3] 王海兵，周垚.河长制水资源管理绩效审计体系构建研究［J］.会计之友，2022（10）：68-75.

指标，如是否划定河湖库管理范围等。定性指标与定量指标相结合，才能更加全面地反映河长制政策的审计结果。

与此同时，河长制政策跟踪审计的评价指标具有灵活性。《关于全面推行河长制的意见》明确，立足不同地区不同河湖实际，统筹上下游、左右岸，实行一河一策、一湖一策，解决好河湖管理保护的突出问题。因此，河长在对河流治理的过程中采取的方法应与河流的水情相结合，面对不同的水情，河长的工作任务和内容会随之不同。在设置指标时要灵活对待差异，根据不同的项目选择指标。并且，不同地区或者同一地区不同水域，都会因为自身的经济条件、社会属性、水环境情况和环境需求而对河长提出不同要求，要因地制宜设置评价指标以满足该水域的治理需求。实践中，各地审计机关并非严格依照河长职责实施审计工作。例如，《福建省河湖长制工作管理规范》明确适用于省、设区的市、县（市、区）、乡（镇、街道）级河湖长制工作的管理。《浙江省河（湖）长制工作规范》则适用于省、市、县、乡、村五级河（湖）长组织体系。

为统筹考量设置尽量一致的评价指标，依据《关于全面推行河长制的意见》的规定，从河长负责组织领导、统筹协调水资源保护、水域岸线管理、水污染防治、水环境治理、水生态修复等河流管理保护工作，监督政府相关部门依法履行职责等方面入手，搭建审计评价指标的协同框架，如表6-4所示，建立水资源保护、水域岸线管理、水污染防治、水环境治理、水生态修复、执法监管与社会监督、资金使用情况等7个一级指标，水资源管理制度落实、水资源开发利用控制、用水效率等24个二级指标，水资源消耗总量、强度等50个三级指标。当然，由于各地河流具体情况不同，河长也有具体职责差别，可以因地制宜地选择其中部分指标，并赋予不同的权重予以评价。

表6-4 河长制政策跟踪审计评价指标体系

一级指标	二级指标	三级指标	指标属性
水资源保护指标	水资源管理制度落实	—	定性
	水资源开发利用控制	水资源消耗总量	定量
		水资源消耗强度	定量
	用水效率	水资源短缺地区、生态脆弱地区高耗水项目总量	定量
		农业、工业和城乡节水技术改造强度	定量
	污染物排放	入河湖排污总量	定量
		入河湖排污口总量	定量

续表

一级指标	二级指标	三级指标	指标属性
水域岸线管理指标	水生态空间管控	划定河湖管理范围	定性
		规划岸线分区管理	定性
	岸线保护和节约集约利用	侵占河道、围垦湖泊、非法采砂面积	定量
		岸线乱占滥用、多占少用、占而不用面积	定量
水污染防治指标	落实《水污染防治行动计划》	水上、岸上污染治理	定性
		河湖水污染防治目标和任务	定性
		入河湖排污管控和考核体系	定性
	入河湖污染源排查	工矿企业污染源数量	定量
		城镇生活污染源数量	定量
		畜禽养殖污染源数量	定量
		水产养殖污染源数量	定量
		农业面源污染源数量	定量
		船舶港口污染源数量	定量
	入河湖排污口管理	优化入河湖排污口布局数量	定量
		入河湖排污口整治数量	定量
水环境治理指标	水环境质量目标管理	各类水体的水质保护目标	定性
	饮用水水源安全	饮用水水源规范化建设	定性
		清理饮用水水源保护区内违法建筑和排污口数量	定量
	河湖水环境整治机制建设	水环境治理网格化和信息化建设	定性
		水环境风险评估排查、预警预报与响应机制	定性
	河湖水环境治理	亲水生态岸线建设总量	定量
		黑臭水体治理力度总量	定量
	农村水环境整治	生活污水处理总量	定量
		生活垃圾处理总量	定量

续表

一级指标	二级指标	三级指标	指标属性
水生态修复指标	河湖生态修复和保护	整治侵占自然河湖、湿地等水源涵养空间	定量
		退田还湖还湿、退渔还湖，恢复河湖水系面积	定量
		水生生物资源养护数量	定量
	河湖健康评估	—	定性
	生态保护补偿	—	定性
	水土流失预防监督和综合整治	水土流失预防监督机制	定性
		水土流失综合整治	定量
执法监管与社会监督指标	法规制度建立执行	河长会议、信息共享、工作督察等法规制度立改废	定性
		部门联合执法	定性
		行政执法与刑事司法衔接	定性
		河湖日常监管巡查制度	定性
	执法监管责任	主体、人员、设备、经费	定性
	涉河湖违法行为	非法排污、设障、捕捞、养殖、采砂、采矿、围垦、侵占水域岸线等数量	定量
	考核问责	绩效评价考核	定性
		生态环境损害责任追究	定量
	信息公开与监督	信息发布平台	定性
		河湖管理保护信息公告	定量
		竖立河长公示牌	定性
		河湖管理保护宣传	定量
		社会监督和评价	定量
资金使用情况指标	专项整治、工程建设资金使用	资金拨付率	定量
		资金使用率	定量

参考文献

（按照时间排序）

一、著作

[1] 奥德姆.生态学基础[M].孙儒泳,译.北京:人民教育出版社,1982:28.

[2] 世界自然保护同盟,联合国环境规划署,世界野生生物基金会.保护地球:可持续生存战略[M].国家环境保护局外事办公室,译.北京:中国环境科学出版社,1992.

[3] 王曦.美国环境法概论[M].武汉:武汉大学出版社,1992:216.

[4] 文硕.世界审计史[M].2版.北京:企业管理出版社,1996:195.

[5] 蕾切尔·卡逊.寂静的春天[M].吕瑞兰,李长生,译.长春:吉林人民出版社,1997:3.

[6] 丹尼斯·米都斯,梅多斯.增长的极限:罗马俱乐部关于人类困境的报告[M].李宝恒,译.长春:吉林人民出版社,1997:17-18.

[7] 陈泉生.可持续发展与法律变革[M].北京:法律出版社,2000:54-55.

[8] 汪劲,田秦.绿色正义:环境的法律保护[M].广州:广州出版社,2000:205.

[9] 陈正兴.环境审计[M].北京:中国审计出版社,2001:47.

[10] 保罗·霍肯.商业生态学:可持续发展的宣言[M].夏善晨,余继英,译.上海:上海译文出版社,2001:32.

[11] 乌尔里希·贝克,安东尼·吉登斯,斯科特·拉什.自反性现代化:现代社会秩序中的政治、传统与美学[M].赵文书,译.北京:商务印书馆,2001:235.

[12] 蔡春.审计理论结构研究[M].大连:东北财经大学出版社,2001.

[13] 诺思.制度变迁的理论:概念与成因[M]//科斯.财产权利与制度变迁:产权学派与新制度学派译文集.刘守英,译.上海:上海三联出版社,2002:13.

[14] 肖北庚.宪政法律秩序论[M].北京:中国人民公安大学出版社,2002:62.

[15] 尤家荣.审计规范论[M].上海:上海三联出版社,2002:2.

[16] 李季泽.国家审计的法理[M].北京:中国时代经济出版社,2004:169.

[17] 邬沧萍,侯东民.人口、资源、环境关系史[M].北京:中国人民大学出版社,2005:168.

［18］李金华.中国审计史（第3卷上）［M］.北京：中国时代经济出版社，2005：47.

［19］高小平.政府生态管理［M］.北京：中国社会科学出版社，2007：113.

［20］李金华.中国审计25年回顾与展望［M］.北京：人民出版社，2008：96.

［21］马曙光.博弈均衡与中国政府审计制度变迁［M］.北京：中国时代经济出版社，2009：87.

［22］季卫东.法律程序的意义［M］.北京：中国法制出版社，2012：22.

［23］张庆丰，罗伯特·克鲁克斯.迈向环境可持续的未来：中华人民共和国国家环境分析［M］.北京：中国财政经济出版社，2012：4.

［24］王家新.国家审计的政治经济分析［M］.上海：上海三联书店，2013：181.

［25］王会金，戚振东.政府审计协同治理研究［M］.上海：上海三联书店，2014：57.

［26］张庆龙，沈征.政府审计学［M］.北京：中国人民大学出版社，2015：16.

［27］安德鲁·格雷，比尔·詹金斯，鲍勃·塞格斯沃斯.预算审计和评估：在七国政府中的功能与整合［M］.梁君，唐晓磊，译.北京：经济科学出版社，2017：40.

［28］国凤兰，于雷.政府审计服务生态文明建设理论与实践［M］.北京：中国铁道出版社，2018：118.

［29］董战峰，郝春旭，葛察忠，等.中国环境审计进展报告（2018）［M］.北京：中国环境出版集团，2019：4.

［30］游春晖.环境审计制度创新研究［M］.广州：暨南大学出版社，2019：142.

［31］陈基湘.国际资源环境审计实务研究［M］.北京：中国时代经济出版社有限公司，2020：298.

［32］李璐.水环境审计研究［M］.北京：经济科学出版社，2020：116.

［33］郑石桥.政府审计学［M］.北京：高等教育出版社，2021：1.

二、期刊

［1］阎金锷.审计定义探讨：兼论审计的性质、职能、对象、任务和作用［J］.审计研究，1989（2）：7-14.

［2］汪永清.立法结构均衡问题初探［J］.中国法学，1990（4）：44-49.

［3］侯明光.论公民环境权［J］.法律科学(西北政法大学学报)，1991（3）：42-43.

［4］GUTÉS M C. The concept of weak sustainability［J］.Ecological Economics，1996，17(3)：147-156.

［5］刘力云.浅论环境审计［J］.审计研究，1997（2）：4-13.

［6］何心，宇史梅.内部审计师在环境问题中的作用（上）［J］.审计研究资料，1997

（4）：1-26.

[7] 孙菊生，刘文国. 环境审计与会计职业界的作用：加拿大和美国环境审计比较研究 [J]. 审计研究，1998（2）：1-6.

[8] 来明敏. 可持续发展与环境审计综述 [J]. 当代社科视野，1998（5）：28-30.

[9] 曹明宏，张光宏，陈祖海. 环境领域市场失灵的机理及其宏观调控方略 [J]. 华中农业大学学报（社会科学版），2000（4）：11-13.

[10] NEWBOROUGH M B. Auditing energy use in cities [J]. Energy Policy, 2001, 29.（2）：125-134.

[11] 潘恒仁，姚国君. 赴澳大利亚环境保护审计培训考察报告 [J]. 当代审计，2001（3）：37-38.

[12] 许庆明. 试析环境问题上的政府失灵 [J]. 管理世界，2001（5）：195-197.

[13] 王锡锌. 正当法律程序与"最低限度的公正"：基于行政程序角度之考察 [J]. 法学评论，2002（2）：23-29.

[14] 陈思维，王晨雁.《从环境视角进行审计活动的指南》的启示 [J]. 审计与经济研究，2003（4）：28-31.

[15] 谢志华. 审计效率与审计组织形式的选择 [J]. 北京工商大学学报（社会科学版），2003（4）：40-42，56.

[16] 秦荣生. 公共受托经济责任理论与我国政府审计改革 [J]. 审计研究，2004（6）：16-20.

[17] 杨发勇，瞿曲. 试论公共财政与政府会计的关系 [J]. 武汉大学学报（哲学社会科学版），2005（1）：110-115.

[18] 闫敏，高辉清. 从循环经济看传统经济学的缺陷 [J]. 现代经济探讨，2006（1）：76-80.

[19] 贺桂珍，吕永龙，王晓龙，等. 荷兰的政府环境审计及其对中国的启示 [J]. 审计研究，2006（1）：30-34，29.

[20] 刘明超，翁启文. 论国家审计的法治化 [J]. 国家行政学院学报，2006（1）：69-71.

[21] 包群，彭水军. 经济增长与环境污染：基于面板数据的联立方程估计 [J]. 世界经济，2006（11）：48-58.

[22] 马曙光. 政府审计人员素质影响审计成果的实证研究 [J]. 审计研究，2007（3）：24-29.

[23] 耿建新，牛红军. 关于制定我国政府环境审计准则的建议和设想 [J]. 审计研究，

2007（4）：8-14.

［24］赵欢春.审计正义及其凸现［J］.审计与经济研究，2007（5）：26-30.

［25］张杰，宗绪坤.论审计正义的理论内涵［J］.财会月刊，2007（14）：56-57.

［26］周荣青，王生根.论现代宪政理念与我国未来国家审计体制模式的选择：对近年来"屡审屡犯"问题的反思［J］.河南商业高等专科学校学报，2008（1）：89-94.

［27］钱水苗.政府环境责任与《环境保护法》的修改［J］.中国地质大学学报（社会科学版），2008（2）：49.

［28］周庆行，吴长冬.生态责任：政府责任的新思考［J］.福州党校学报，2008（2）：23-26.

［29］王爱华，姜小三，潘剑君.CBERS与TM在水体污染遥感监测中的比较研究［J］.遥感信息，2008（2）：46-50.

［30］叶晓丹.我国环境审计立法初探［J］.长江大学学报（社会科学版），2008（4）：46-50.

［31］王曦.建设生态文明需立法克服资源环境管理中的"政府失灵"［J］.环境保护，2008（5）：24-25.

［32］彭伟，李刚.论循环经济推进中的市场失灵及政府规制［J］.科学管理研究，2008（6）：46-49.

［33］赵彦锋.审计"免疫系统"论：演进过程、作用机理与实现路径［J］.审计与经济研究，2009，24（3）：21-26.

［34］LIMA L H, MAGRINI A.The Brazilian Audit Tribunal's role in improving the federal environmental licensing process［J］. Environmental Impact Assessment Review，2009（2）：108-115.

［35］王芳，周红.政府审计质量的衡量研究：基于程序观和结果观的检验［J］.审计研究，2010（2）：24-29.

［36］魏昌东.中国国家审计权属性与重构［J］.审计与经济研究，2010，25（2）：32-37.

［37］胡智强.论我国审计法目的条款之完善：兼及审计法立法宗旨的拓展性分析［J］.法律科学（西北政法大学学报），2010，28（4）：133-141.

［38］钭晓东.环境法调整机制运行双重失灵的主要症结［J］.河北学刊，2010，30（6）：108-111.

［39］刘洋，万玉秋，缪旭波，等.关于我国跨部门环境管理协调机制的构建研究［J］.

环境科学与技术,2010,33(10):200-204.

[40] 路广.荷兰环境审计法律制度的经验与启示[J].南京审计学院学报,2011,8(1):86-91.

[41] 牛鸿斌,崔胜辉,赵景柱.政府环境责任审计本质与特征的探讨[J].审计研究,2011(2):29-32.

[42] 黄道国,邵云帆.多元环境审计工作格局构建研究[J].审计研究,2011(3):31-35.

[43] 雷俊生.政府审计风险的程序规制[J].行政法学研究,2011(3):66-72.

[44] 宋夏云.政府绩效审计人员的专业胜任能力框架研究:基于宁波地区的调研[J].宁波大学学报(人文科学版),2011,24(5):72-76.

[45] 王曦.从"统一监督管理"到"综合协调":《中华人民共和国环境保护法》第7条评析[J].吉林大学社会科学学报,2011,51(6):85-92.

[46] 黄溶冰,王丽艳.环境审计在碳减排中的应用:案例与启示[J].中央财经大学学报,2011(8):86-90.

[47] 刘家义.论国家审计与国家治理[J].中国社会科学,2012(6):60-72.

[48] 李璐,张龙平.WGEA的全球性环境审计调查结果:分析与借鉴[J].审计研究,2012(1):33-39.

[49] 晋海.我国基层政府环境监管失范的体制根源与对策要点[J].法学评论,2012,30(3):89-94.

[50] 叶子荣,马东山.我国国家审计质量影响因素研究:基于2002—2007年省际面板数据的分析[J].审计与经济研究,2012,27(6):12-24.

[51] 杜辉.论制度逻辑框架下环境治理模式之转换[J].法商研究,2013,30(1):69-76.

[52] FUKUYAMA F.What is governance? Governance:An international journal of policy[J].Administration & Institutions,2013(3):347-368.

[53] 王会金.治理视角下的国家审计协同:内容框架与模式构建研究[J].审计研究,2013(4):57-62.

[54] 曾丽红.我国环境规制的失灵及其治理:基于治理结构、行政绩效、产权安排的制度分析[J].吉首大学学报(社会科学版),2013,34(4):73-78.

[55] 黄思璇,朱毓颖,钟飚.美国审计署(GAO)环境审计报告研究[J].中国审计评论,2014(2):50-63.

[56] 邓可祝.政府环境责任的法律确立与实现:《环境保护法》修订案中政府环境责

任规范研究［J］. 南京工业大学学报（社会科学版），2014（3）：24.

［57］刘爱东，张鼎祖. 中国地方审计机关效率测度与分析：基于 1998—2009 年的面板数据［J］. 审计研究，2014（5）：60-67.

［58］马志娟，韦小泉. 生态文明背景下政府环境责任审计与问责路径研究［J］. 审计研究，2014（6）：16-22.

［59］魏祥健. 云平台架构下的协同审计模式研究［J］. 审计研究，2014（6）：29-35.

［60］游春晖，张龙平. 美国环境审计制度变迁及其启示［J］. 财会月刊，2014（16）：91-94.

［61］李兆东. 环境机会主义、问责需求和环境审计［J］. 审计与经济研究，2015，30（2）：33-42.

［62］刘静. 审计结果公告的公民参与策略研究［J］. 审计研究，2015（2）：48-55.

［63］任敏."河长制"：一个中国政府流域治理跨部门协同的样本研究［J］. 北京行政学院学报，2015（3）：25-31.

［64］关劲峤. 环境管理中政府失灵的治理：基于共有产权住房视角［J］. 哈尔滨工业大学学报（社会科学版），2015，17（4）：135-140.

［65］徐薇. 我国政府环境审计的立法构想［J］. 思想战线，2015，41（4）：146-149.

［66］孙晗. 美国水环境审计的发展历程及启示［J］. 财会月刊，2015（7）：60-64.

［67］周一虹，周畅. 政府环境履责审计作用机制与实施路径探索：以兰州市大气污染治理审计为例［J］. 会计之友，2015（14）：2-11.

［68］胡玉霞，朱娟. 国家审计程序的正当化研究［J］. 西安财经学院学报，2016，29（2）：95-100.

［69］赵昊东，赵景涛. 公平正义综合指数对国家审计的启示［J］. 审计研究，2016（3）：71-76.

［70］黄冬娅，杨大力. 考核式监管的运行与困境：基于主要污染物总量减排考核的分析［J］. 政治学研究，2016（4）：101-112.

［71］王会金. 政府审计协同治理的研究态势、理论基础与模式构建：基于国家治理框架视角［J］. 审计与经济研究，2016，31（6）：3-11.

［72］侯洪涛，孟志华，李璇. 基于环境管理目标的政府绩效审计评价指标体系研究［J］. 新疆社会科学，2016（6）：36-39.

［73］陈平泽，卞春艳. 基于国家治理视角的环境审计"转变"探析［J］. 财会通讯，2016（28）：77-79.

［74］潘施琴. 国家治理视阈下的国家审计正义价值探析［J］. 商业会计，2016（17）：

28-29, 27.

[75] 郑石桥. 自然资源审计基本逻辑：理论框架和例证分析 [J]. 新疆财经大学学报, 2017 (2): 41-48.

[76] 朱艳丽. 论环境治理中的政府责任 [J]. 西安交通大学学报（社会科学版）, 2017 (3): 51.

[77] 周维培. "审计入宪"的演变路径及意义 [J]. 审计与经济研究, 2017, 32 (4): 1-7.

[78] 周建国, 熊烨. "河长制"：持续创新何以可能——基于政策文本和改革实践的双维度分析 [J]. 江苏社会科学, 2017 (4): 38-47.

[79] 刘静, 鞠雪娇, 陈思灼. 发达国家水资源审计对我国的启示 [J]. 东北亚经济研究, 2017, 1 (4): 115-120.

[80] 熊烨. 跨域环境治理：一个"纵向－横向"机制的分析框架——以"河长制"为分析样本 [J]. 北京社会科学, 2017 (5): 108-116.

[81] 陈海嵩. 新《环境保护法》中政府环境责任的实施路径：以环保目标责任制与考核评价制度为中心的考察 [J]. 社会科学家, 2017 (8): 14-19.

[82] 郭鹏飞. 环境公正视角下的资源环境审计 [J]. 审计观察, 2018 (3): 60-63.

[83] 郝春旭, 葛察忠, 董战峰, 等. 中国环境审计制度建设框架与路线图 [J]. 中国注册会计师, 2018 (3): 85-89, 3.

[84] 孙宝厚. 关于新时代中国特色社会主义国家审计若干问题的思考 [J]. 审计研究, 2018 (4): 3-6.

[85] 曾昌礼, 李江涛. 政府环境审计与环境绩效改善 [J]. 审计研究, 2018 (4): 44-52.

[86] 沈坤荣, 金刚. 中国地方政府环境治理的政策效应：基于"河长制"演进的研究 [J]. 中国社会科学, 2018 (5): 92-115, 206.

[87] 马本, 郑新业, 张莉. 经济竞争、受益外溢与地方政府环境监管失灵：基于地级市高阶空间计量模型的效应评估 [J]. 世界经济文汇, 2018 (6): 27-48.

[88] 高晓霞. 论党和国家监督体系中的审计监督：政治逻辑、治理功能与行动路向 [J]. 江海学刊, 2018 (6): 122-128, 255.

[89] 贺宝成, 沈玉芳, 王家伟. 强化雾霾治理审计的思考 [J]. 会计之友, 2018 (9): 99-101.

[90] 张薇. 我国环境审计制度变迁：解读与展望 [J]. 财会月刊, 2018 (9): 141-145.

[91] 刘尧.地方政府环境管理失灵的成因及对策[J].现代经济探讨,2018(10):16-20.

[92] 胡泽君.努力开创新时代审计工作新局面[J].求是,2018(13):5-7.

[93] 关婷,薛澜.世界各国是如何执行全球可持续发展目标（SDGs）的？[J].中国人口·资源与环境,2019(1):11-20.

[94] 赵彩虹,韩丽荣.区域性环境审计合作问题研究[J].审计研究,2019(1):24-30.

[95] 吴勋,郭娟娟.国外政府环境审计发展现状与启示：基于WGEA全球性环境审计调查[J].审计研究,2019(1):31-40.

[96] 刘力云,沈玲,王晓峥.新时代我国审计干部专业胜任能力框架研究：基于281份调查表的统计分析[J].审计研究,2019(1):41-50.

[97] 王爱国.环境审计服务生态文明建设的理论探讨与体系重构：兼论生态文明审计的本质内涵[J].理论学刊,2019(3):49-55.

[98] 杨肃昌,马亚红,芦海燕.公共价值视角下的环境审计作用机制与实现路径研究[J].兰州大学学报（社会科学版）,2019(6):119-126.

[99] 骆良彬,史金鑫.政府环境审计的国际经验及其启示[J].亚太经济,2019(6):74-79,146.

[100] 夏志乡.环境政策协同审计的现实困境与突破路径[J].领导科学,2019(8):110-113.

[101] 胡耘通,何佳楠.基于PSR模型的大气环境绩效审计评价指标体系设计[J].统计与决策,2019,35(15):61-64.

[102] 贺鹏皓,张念明.审计机关与其他监督机关的协调配合机制研究[J].财会月刊,2019(17):107-115.

[103] 喻开志,王小军,张楠楠.国家审计能提升大气污染治理效率吗[J].审计研究,2020(2):43-51.

[104] 蔡春,谢柳芳,王彪华.经济责任审计与地方政府治理：以环境污染为视角[J].厦门大学学报（哲学社会科学版）,2020(2):91-104.

[105] 雷俊生.嵌入式治理视角下的监督资源整合：基于党委审计委员会的协同机制构建[J].学术论坛,2020,43(4):69-75.

[106] 刘国城.协同视角下新时代国家审计创新研究[J].财经论丛,2020(7):63-72.

[107] 郝春旭,邵超峰,董战峰,等.2020年全球环境绩效指数报告分析[J].环境保

护，2020，48（16）：68-72.

[108] 孙永军，刘洋.地方治理中政府审计职能修复：双重障碍与消解路径[J].财会月刊，2020（18）：90-95.

[109] 赵保卿.审计结果法律效力及其规范[J].财会月刊，2020（21）：83-85.

[110] 朱雅婷.环境审计服务于环境污染治理研究：基于协同理论的视角[J].经营与管理，2021（2）：140-145.

[111] 上官泽明，刘力云.我国国家审计工作特征研究：基于党的十八大以来全国审计工作会议报告的分析[J].审计与经济研究，2021，36（3）：12-20.

[112] 郭鹏飞.中国资源环境审计的发展历程.理论表征与实践深化[J].重庆社会科学，2021（3）：6-19.

[113] 董大胜.党领导下的新中国审计法制演进与思考[J].审计研究，2021（5）：3-8.

[114] 韩峰.国家审计有助于推进雾霾治理吗[J].中南财经政法大学学报，2021（6）：25-37.

[115] 王爱国，郭胜川.生态文明审计：生态文明建设的基础性制度保障[J].改革，2021（12）：140-150.

[116] 厉国威，励雯翔.中央审计委员会的成立与我国国家审计体制转型[J].财会通讯，2021（15）：14-18.

[117] 胡耘通，樊雪.协同治理视角下河长制政策跟踪审计研究[J].会计之友，2022（1）：132-137.

[118] 陈希晖，席颖俊，王雨薇.WGEA第十次全球性环境审计调查结果与启示[J].审计观察，2022（4）：50-55.

[119] 张艳芳，陈楠，倪东生.澳大利亚核算与报告温室气体排放的审计实践及其借鉴[J].财会通讯，2022（5）：151-155，161.

[120] 马志娟，任乐祺，徐杰，等.自然资源资产离任审计对水资源环境的影响剖析[J].财会月刊，2022（6）：88-95.

[121] 王海兵，周垚.河长制水资源管理绩效审计体系构建研究[J].会计之友，2022（10）：68-75.

[122] 李兆东，李振覃.国家审计促进生态环境治理现代化的制度保障与实现路径[J].财会月刊，2022（14）：116-121.

三、报纸

[1] 刘誉泽.美国雾霾治理审计的特点及其启示[N].中国审计报.2016-02-24（5）.

［2］裴相斌．环境审计：美国环境管理重要一环［N］．中国环境报，2016-06-30（4）．

［3］余玮．依法履职确保审计程序公正［N］．中国审计报，2016-08-10（7）．

［4］陆晓晖．对审计监督促进全面推行河长制的几点思考［N］．中国审计报，2017-08-09（5）．

［5］李国英．全面推行河湖长制取得显著成效［N］．人民日报，2021-12-08（14）．

四、论文集

［1］审计署外事司．各国环境审计论文选集［C］．北京：中国审计出版社，1996：50．

［2］中国审计学会．审计论文选集［C］．北京：中国时代经济出版社，2005：509．

［3］李鸣．政府生态人格特征与管理体系研究［C］.// 中国环境科学学会．2010中国环境科学学会学术年会论文集（第二卷）．中国环境科学出版社，2010：1270－1273．

五、电子资源

［1］刘家义．审计要发挥保障经济社会健康运行的"免疫系统"功能［EB/OL］．［2020-11-28］．http：//www.gov.cn/wszb/zhibo309/content_1235674.htm．

［2］付健，史朋彬，付雅．借鉴荷兰环境审计立法经验，创建我国绿色审计制度［EB/OL］．［2022-03-04］．http：//www.riel.whu.edu.cn/view/2267.html．

六、学位论文

［1］刘秋明．基于公共受托责任理论的政府绩效审计研究［D］．厦门：厦门大学，2006．

［2］曲炜．中国政府环境审计创新：基于可持续发展的视角［D］．北京：中国政法大学，2013．

［3］宋传联．和谐社会视阈下中国环境审计制度研究［D］．长春：东北师范大学，2015．

［4］徐薇．中国政府环境审计研究［D］．昆明：云南大学，2018．

［5］杨紫秀．河长制背景下河流治理绩效审计研究：以老宝象河为例［D］．昆明：云南财经大学，2019．